CÓMO SALIR VOLUNTARIAMENTE DEL ESTADO TECNOCRÁTICO

INSPIRADO EN LA OBRA DE
SAMUEL E. KONKIN III

Discovery Publisher

Título original: *How to Opt Out of the Technocratic State*
2019, ©Derrick Broze, Samuel E. Konkin III

Para la edición española:
©2020, Discovery Publisher

Autores: Derrick Broze, Samuel E. Konkin III
Traductora: Magaly Emilia Poleo Novoa

dp

616 Corporate Way
Valley Cottage, New York
www.discoverypublisher.com
editors@discoverypublisher.com
Orgulloso de no estar en Facebook o Twitter

New York • Paris • Dublin • Tokyo • Hong Kong

TABLA DE CONTENIDOS

CÓMO SALIR VOLUNTARIAMENTE DEL ESTADO TECNOCRÁTICO

INSPIRADO EN LA OBRA DE
SAMUEL E. KONKIN III

Introducción

A medida que la humanidad entra en la segunda década del siglo XXI, nos encontramos en el precipicio de una era tecnocrática donde la inteligencia artificial (IA), la tecnología inteligente y el internet de las cosas se están convirtiendo en parte de la vida cotidiana. Esta tecnología proporciona beneficios, pero tiene un costo: las corporaciones, los gobiernos, las fuerzas de la ley y los hackers son capaces de escudriñar en nuestras vidas en cualquier momento. Las corporaciones y los gobiernos están incluso aprendiendo a usar la tecnología de manera que les permita ser los "ingenieros sociales" de la sociedad. El concepto de crédito social también se está haciendo cada vez más popular, y la probabilidad de que los ciudadanos se enfrenten a consecuencias negativas al optar hablar de temas controvertidos o criticar a las autoridades, solo va a aumentar.

Este cambio hacia un mundo en el que la tecnología digital es la solución para todas las cosas está siendo impulsado por el sector de la tecnología, específicamente las instituciones a menudo denominadas *Big Wireless* y *Big Tech*. Los directores ejecutivos de las corporaciones transnacionales y sus socios en el gobierno han trabajado para consolidar la tecnología digital en todos los aspectos de la humanidad. El mundo que ellos visualizan es uno en el que los científicos y tecnólogos son la clase elitista que decide el futuro de la sociedad. Aunque la tecnología digital de estas industrias solo ha surgido en las últimas décadas, la filosofía que guía a muchas de las principales figuras de la industria y el gobierno tiene casi un siglo de antigüedad.

Esta filosofía de una regla de los expertos tecnológicos y científicos se conoce como tecnocracia. Como veremos en los próximos capítulos, las ideas que sustentan esta escuela de pensamiento han estado influenciando silenciosamente a los líderes mundiales durante décadas. ¿Es esta oscura teoría política del siglo XX la fuerza que guía el movimiento hacia una distopía digital? ¿Cuáles son las implicaciones para un mundo que siempre está conectado y en "la red"? ¿Cómo se puede mantener la privacidad y la libertad en una sociedad que se basa en la vigilancia masiva, el control tecnológico y la pérdida de la individualidad?

Creo que las respuestas a estas preguntas se encuentran en los escritos del filósofo político Samuel Edward Konkin III. Konkin fue un activista durante los años sesenta, en la época en la que discutir sobre la revolución en América estaba en su apogeo. Él creía que el uso de la violencia para derrocar al Estado solo daría lugar a que otro líder interviniera y continuara la farsa. Konkin también rechazó la votación, considerándola como una participación en un sistema inmoral, así como una estrategia inadecuada para lograr un cambio duradero. En lugar de votar o usar la violencia, Konkin propuso una tercera vía para el que busca la libertad que denominó la Contraeconomía, y más específicamente, el agorismo. Exploraremos su trabajo en detalle en los próximos capítulos.

La posibilidad de que se haga realidad la visión de Konkin de liberar al pueblo de las cadenas del Estado depende completamente de la conciencia de las personas. Después de que suficientes personas hayan sido educadas sobre los peligros de la era tecnocrática, también debe haber una comprensión del poder del incumplimiento. Si un grupo de personas encuentra maneras de evitar los Estados y las corporaciones digitales, podemos aprovechar nuestros números y el poder de la Contraeconomía. Podemos crear más libertad y oportunidad de vivir las vidas de abundancia que deseamos.

Las buenas oportunidades son pequeñas, pero tenemos la ocasión de salir de la matriz de control del Estado. El actual sistema de crédito social empleado en China pronto se abrirá camino hacia los Estados Unidos y el resto del "mundo civilizado". Ya se ha vuelto casi imposible vivir una vida que no sea monitoreada y analizada desde la cuna hasta la tumba. Si planeamos sobrevivir a esta red tecnocrática de control corporativo-estatal que se acerca rápidamente, creo que debemos adoptar las soluciones identificadas por primera vez por Samuel E. Konkin III. Es hora de reconocer que el agorismo y la Contraeconomía son la respuesta a nuestros problemas.

Una nota final: Al escribir estas palabras en diciembre de 2019, lo hago con la plena conciencia de que la tecnología digital está evolucionando a un ritmo exponencial. La tecnología invasiva de hoy podría parecer pintoresca o incluso arcaica para alguien que lea esto en 2025. Admitiré que incluso las soluciones contenidas en este libro pueden terminar obsoletas en menos de una década, dependiendo de la dirección que tome nuestro mundo tecnológico. Sin embargo, no importa cómo se vea el futuro, mi mensaje para usted es nunca rendirse. Encuentre maneras de adaptarse. Construya comunidades con otras personas de ideas afines. Mantenga las llamas de la libertad vivas en su corazón y mente. Mientras el espíritu humano desee ser libre, podremos y encontraremos una manera de superar todas las adversidades. No importa el año en que descubra este libro, por favor úselo como inspiración y como cimiento sobre el cual construir. El futuro de la humanidad está en sus manos.

— Derrick Broze, enero de 2020

PARTE 1

LA TECNOCRACIA, LA CONTRAECONOMÍA Y EL FUTURO DE LA LIBERTAD

En los capítulos siguientes se ofrece una breve introducción a varios conceptos, entre ellos: la tecnocracia, la Contraeconomía y el agorismo. En el interés de llegar al "como" de esta presentación solo vamos a dar una visión general de estas ideas. Para aquellos que quieran entender las grandes implicaciones del movimiento tecnocrático recomiendo al autor Patrick Wood. Si está interesado en una comprensión más sólida de la Contraeconomía y el agorismo, recomiendo mi propio libro Manifiesto de los Humanos Libres, así como los libros de Samuel Konkin. También recomiendo leer encarecidamente el último libro inacabado de Konkin, La Contraeconomía, que está incluido en la parte tres de este trabajo.

¿Qué es una tecnocracia?

A principios del siglo XX, comenzó a desarrollarse un movimiento en torno a una teoría política conocida como la tecnocracia, un sistema en el que la gestión de los gobiernos está a cargo de expertos técnicos y a menudo involucra soluciones centradas en la tecnología. Los defensores de la tecnocracia afirmaron que el concepto conduciría a una mejor gestión de los recursos y a la protección del planeta. Sin embargo, este sistema de gobierno por parte de los expertos tecnológicos y su tecnología implicaría también una pérdida de privacidad, centralización y gestión de todo el comportamiento humano. Aunque el término parece haber sido olvidado en gran medida, la filosofía y la influencia tecnocrática se puede ver en todas partes en nuestro mundo digital moderno.

Uno de los más influyentes defensores de la tecnocracia fue un hombre llamado Howard Scott, un escritor que fundó la Alianza Técnica en la ciudad de Nueva York en 1919. Scott creía que los propietarios de las empresas carecían de las habilidades y datos necesarios para reformar sus industrias y que, por lo tanto, el control debía entregarse a los ingenieros. En 1932, Scott y su colega tecnócrata Walter Rautenstrauch formaron el "Comité de tecnocracia" en la Universidad de Columbia. El grupo finalmente se separaría, con Scott liderando la organización *Technocracy Incorporated* y el tecnócrata Harold Loeb a cargo del "Comité continental de tecnocracia".

En 1938, la organización *Technocracy Incorporated* lanzó una publicación que esbozaba su visión de una tecnocracia (el énfasis es mío):

La tecnocracia es la ciencia de la ingeniería social, la operación científica de todo el mecanismo social para producir y distribuir bienes y servicios a toda la población de este continente. Por primera vez en la historia de la humanidad se tratará como un problema científico, técnico, de ingeniería. No habrá lugar para la política o los políticos, las finanzas o los financieros, las estafas o los estafadores. La tecnocracia afirma que este método de funcionamiento del mecanismo social del continente norteamericano es ahora obligatorio porque hemos pasado de un estado de escasez real a la actual situación de abundancia potencial, en la que ahora nos vemos obligados a una escasez artificial que se nos impone para continuar un sistema de precios que puede distribuir los bienes solo a través de un medio de intercambio.

La tecnocracia afirma que el precio y la abundancia son incompatibles, cuanto mayor es la abundancia, menor es el precio. En una situación de abundancia real, no puede haber ningún precio. **Solo cuando se abandona el control de precio que interfiere y se sustituye por un método científico de producción y distribución se puede alcanzar la abundancia. La tecnocracia se distribuirá mediante un certificado de distribución disponible para todos los ciudadanos desde el nacimiento hasta la muerte.** El tecnato abarcará todo el continente americano desde Panamá hasta el Polo Norte porque los recursos naturales y el límite natural de esta área la convierten en una unidad geográfica independiente y autosustentable.

Los tecnócratas publicaron su visión de un mundo planificado centralmente con libros, discursos, clubes y partidos políticos. Esto dio como resultado un breve período de popularidad en los Estados Unidos y Canadá en los años posteriores a la Gran Depresión de 1929. Mientras los políticos y los economistas buscaban una solución a la calamidad financiera, los tecnócratas imaginaron un mundo en el que los políticos y los dueños de negocios fueron reemplazados por científicos, ingenieros y otros expertos técnicos para manejar la economía.

Sin embargo, en la década de los cuarenta, el interés principal del movimiento tecnocrático parecía disiparse. Algunos investigadores atribuyen esto a la falta de una teoría política coherente para lograr el cambio, mientras que otros dicen que el presidente Roosevelt y el *New Deal* (Nuevo Trato) proporcionaron una solución alternativa a las dificultades financieras. En cualquier caso, la tecnocracia dejó de ser un tema del discurso político dominante, incluso cuando la Revolución Industrial impulsó las nuevas tecnologías y la riqueza no vista anteriormente de los que controlaban dicha tecnología.

Las ideas que apoyaban la visión tecnocrática recibieron un notable respaldo en 1970 cuando el politólogo Zbigniew Brzezinski publicó su libro *Entre dos eras: el papel de América en la era tecnetrónica*. Brzezinski es conocido por los investigadores expertos de la élite gobernante. Hasta su muerte en 2018, Brzezinski era un diplomático que se desenvolvía en los mismos círculos que el ex Secretario de Estado y además acusó al criminal de guerra Henry Kissinger y David Rockefeller. Brzezinski se desempeñó como asesor de varios presidentes, desde Jimmy Carter hasta Barack Obama. Brzezinski también fue miembro del Consejo Atlántico, la Fundación Nacional para la Democracia y el Consejo de Relaciones Exteriores.

El libro de Brzezinski *Entre dos eras* puede haber cambiado el término de "tecnocracia" a "tecnetrónica", pero la representación del futuro es la misma: un mundo en el que la élite científica y tecnológica planifica centralmente la vida de toda la humanidad. Esencialmente, un colectivismo autoritario tecnológicamente avanzado donde las libertades individuales están subordinadas a las necesidades aparentes del colectivo. Brzezinski explica la tecnetrónica de la siguiente manera:

La sociedad postindustrial se está convirtiendo en una sociedad "tecnetrónica": una sociedad que está moldeada cultural, psicológica, social y económicamente por el impacto de la tecnología y la electrónica, especialmente en el área de las computadoras y las comunicaciones. El proceso industrial ya no es el principal determinante del cambio social, alterando las costumbres, la estructura social y los valores de la sociedad...

En la sociedad tecnetrónica, el conocimiento científico y técnico, además de mejorar las capacidades de producción, se extiende rápidamente para afectar casi todos los aspectos de la vida directamente. En consecuencia, tanto la creciente capacidad de cálculo instantáneo de las interacciones más complejas **como la creciente disponibilidad de medios bioquímicos de control humano aumentan el alcance potencial de la dirección elegida conscientemente y, por lo tanto también las presiones para dirigir, elegir y cambiar***.*

A continuación, se presentan otras citas escogidas del libro *Entre dos eras: el papel de América en la era tecnetrónica* que deja claro que el objetivo es construir una tecnocracia mundial:

Otra amenaza, menos evidente pero no menos básica, enfrenta a la democracia liberal. Más directamente vinculada al impacto de la tecnología, implica la aparición gradual de una sociedad más controlada y dirigida. Una sociedad así estaría dominada por una élite cuya reivindicación de poder político se basaría en conocimientos científicos supuestamente superiores. Sin los obstáculos de las restricciones de los valores liberales tradicionales, esta élite no dudaría en lograr sus fines políticos utilizando las últimas técnicas modernas para influir en el comportamiento público y mantener a la sociedad bajo estrecha vigilancia y control. En tales circunstancias, el impulso científico y tecnológico del país no retrocedería, sino que en realidad se alimentaría de la situación que explota.

La persistente crisis social, el surgimiento de una personalidad carismática y la explotación de los medios de comunicación para obtener la confianza del público serían los peldaños en la transformación gradual de los Estados Unidos en una sociedad altamente controlada.

Hoy en día estamos presenciando la aparición de élites transnacionales, pero ahora están compuestas por empresarios, académicos y funcionarios públicos internacionales. Los lazos de estas nuevas élites atraviesan las fronteras nacionales, sus perspectivas no están limitadas por las tradiciones nacionales y sus intereses son más funcionales que nacionales. Cada vez más, las elites intelectuales tienden a pensar en términos de problemas mundiales: la necesidad de superar el atraso, de eliminar la pobreza, de evitar la superpoblación, de desarrollar una maquinaria eficaz para el mantenimiento de la paz. La preocupación por la ideología está cediendo ante la preocupación por la ecología, la contaminación, la superpoblación y el control de las enfermedades, las drogas y el clima. Existe un consenso generalizado de que la planificación funcional es conveniente y que es la única manera de hacer frente a las diversas amenazas ecológicas.

Es evidente que la ficción de la soberanía ya no es compatible con la realidad. Ha llegado el momento de hacer un esfuerzo común para moldear un nuevo marco para la política internacional. Ya existe un acuerdo generalizado sobre el desarrollo de fuerzas internacionales para el mantenimiento de la paz. La conciencia global emergente está forzando el abandono de las preocupaciones por la supremacía nacional y acentuando la interdependencia global.

La visión de Brzezinski del futuro no era mera especulación o conjetura. Era un miembro de la clase dirigente que pasó su vida usando los Estados nacionales, y la gente dentro de ellos, como peones en un juego de ajedrez en el que la mayoría de los jugadores son peligrosamente ajenos a la realidad que se desarrolla a su alrededor. Creo que el libro de Brzezinski describe el mundo que se está desarrollando a principios de la década de 2020. Recomiendo encarecidamente sumergirse en su trabajo para obtener otras percepciones fascinantes sobre dónde estamos y hacia dónde nos dirigimos.

Ahora que entendemos un poco de la historia de la tecnocracia y algunas de las ideas que propone, necesitamos examinar el mundo de hoy para destacar la influencia tecnocrática (o tecnetrónica si se prefiere).

Empecemos por mirar las compañías más ricas y los directores ejecutivos más influyentes. Estos individuos dirigen compañías que han acumulado grandes cantidades de riqueza financiera, así como cantidades insondables de datos digitales de todos sus clientes. Desde Jeff Bezos en Amazon, Bill Gates de Microsoft, Mark Zuckerberg en Facebook, Elon Musk de Tesla, y nombres menos conocidos en Google, Apple y otros, estos son los tecnócratas de principios de 2020. Curiosamente, Musk parece estar recorriendo un camino similar al de su abuelo, Joshua Haldeman, quien fue director de investigación de la *Technocracy Incorporated* de Canadá y presidente nacional de Partido del Crédito Social.

Estos hombres y sus colegas en diferentes industrias tecnológicas ejercen un inmenso poder a través de sus empresas, riqueza e influencia cultural. Estas personas tienen suficiente dinero, recursos y conexiones para influir en las elecciones y en la geoingeniería del clima, además de causar caídas en el mercado de valores, por nombrar algunos ejemplos. Son la clase tecnócrata de hoy.

Quiero recordar al lector potencial del futuro que estos nombres pueden no significar nada para usted en este momento, pueden ser en efecto reliquias de un pasado muerto hace tiempo. Cualquiera que sea el nombre de las corporaciones, de los directores ejecutivos y gobiernos que cumplen este papel, las preocupaciones y posibles soluciones siguen siendo las mismas. Si la tecnología sigue avanzando exponencialmente, es probable que la tendencia a la vigilancia también continúe y junto con la disminución de la privacidad, se observará una disminución de las libertades generales. *Esto es lo que intentamos superar.*

Otro ejemplo del mundo tecnocrático implica el uso creciente de herramientas de vigilancia como el reconocimiento facial, la detección de voz, las cámaras de televisión de circuito cerrado (24 horas al día, los 7 días de la semana), la inteligencia artificial, la manipulación algorítmica, la vigilancia de teléfonos celulares, el monitoreo de medios sociales, el rastreo de ubicaciones, la escucha clandestina digital a través de dispositivos inteligentes, y el impulso general hacia una red inteligente impulsada por el 5G. Por supuesto, estas tecnologías no se promueven como herramientas de vigilancia, sino como herramientas para la seguridad, la conveniencia, la educación y el beneficio. Sin embargo, el resultado es el mismo: personas y empresas que promueven soluciones tecnológicas para los problemas del mundo, lo que da lugar a una pérdida de las libertades individuales y a un control más centralizado.

Por supuesto, vender a la sociedad la necesidad de un mundo digital completamente interconectado donde los tecnólogos y los expertos científicos organizan nuestras vidas puede ser impulsado junto con una saludable dosis de propaganda del socio favorito del Estado en el crimen: los medios corporativos. El libro *Entre dos eras* de Brzezinski proporciona más información sobre el plan tecnocrático:

En la sociedad tecnetrónica la tendencia parece ser hacia *la agregación del apoyo individual de millones de ciudadanos no organizados, que están fácilmente al alcance de personalidades magnéticas y atractivas, y la explotación efectiva de las últimas técnicas de comunicación para manipular la emoción y controlar la razón.*

Juntos, los tecnócratas (alias *Big Tech*), sus obedientes amigos en los medios de comunicación, y sus socios en el gobierno se están convirtiendo en lo que yo llamo el Estado tecnocrático.

El resto de este trabajo está dedicado a hacer agujeros en este Estado tecnocrático y explotar sus debilidades. Como se mencionó en la introducción, aquellos que quieran mantener la privacidad y la libertad deben estar dispuestos a adaptarse a las tecnologías constantemente emergentes con el potencial de liberar o encarcelar nuestros corazones y mentes. Creo que la clave para resistir a la tecnocracia puede encontrarse en el trabajo de Samuel Konkin III y su teoría de la Contraeconomía.

Contraeconomía y agorismo

Nota: *Antes de entrar en el "cómo" vivir una vida fuera de los límites del crecimiento progresivo del Estado tecnocrático, debemos entender la historia y la filosofía de la Contraeconomía. Este capítulo comprende un resumen de la estrategia contraeconómica e incluye diferentes definiciones ofrecidas por Samuel Konkin III. El tercer capítulo analiza extensamente la filosofía del agorismo. Ambos capítulos fueron originalmente publicados en mi tercer libro "Manifiesto de los humanos libres" pero han sido actualizados para reflejar mejor la naturaleza específica de este libro. Los incluí aquí como una breve introducción a los conceptos de Contraeconomía y agorismo.*

Espero que esta síntesis de la obra de Samuel Konkin ayude a los lectores a comprender que estas estrategias pueden emplearse en sus vidas, independientemente de la edad, la raza, la religión, el origen étnico, el género, la afiliación política, el estatus socioeconómico o cualquier otra división de la especie humana. En pocas palabras, la Contraeconomía es una estrategia que puede ser practicada por cualquier persona en cualquier lugar del mundo. Para los lectores que son novatos en este campo de investigación, les recomiendo revisar el "Manifiesto neolibertario" y el "Manual agorista" de Konkin. Para aquellos que están familiarizados con la Contraeconomía y el agorismo, recomiendo saltar al capítulo 4.

En 1979, el anarquista, activista y escritor Samuel E. Konkin III (SEK3) publicó el *Manifiesto neolibertario*, en el que presenta su argumentación de una variedad del libertarismo que él llamó "nuevo libertarismo". La filosofía detrás del nuevo movimiento libertario fue el agorismo, llamado así por el "ágora", la palabra griega para *mercado*. Profundizaremos el tema del agorismo enseguida, pero esencialmente se aclara que es una filosofía radical que busca crear una sociedad libre de coerción y fuerza, animando a la gente a la exclusión voluntaria en la red de control corporativo-estatal. Konkin creyó que, si un movimiento de personas retira su dinero, tiempo y apoyo del poder corporativo y estadal, se desviarían suficientes recursos para colapsar el Estado. Mientras el Estado colapsa los agoristas contribuirán a construir sistemas que no están basados en la violencia y la coerción.

Konkin apela a las personas a salir del sistema económico prevaleciente porque él fue uno de los primeros pensadores modernos en reconocer que el mercado no regulado es el mercado más grande del mundo. A veces conocido como el sistema *D*, alternativo, o economía informal, el valor de este mercado libre de impuestos y sin regulación tiene un valor de mercado que vale billones de dólares. A lo largo de la historia, cuando un gobierno o rey ha tratado de ejecutar una prohibición, sea drogas, alcohol, apuestas, sexo o libros, ellos involuntariamente generan un crecimiento de la "economía subterránea" o como lo llama Konkin, la Contraeconomía. Al reconocer que el Estado ha sido incapaz de frenar el crecimiento de la Contraeconomía, Konkin vio la oportunidad de quitarle el poder al Estado y preservar la libertad de la gente.

Konkin denominó esta estrategia la "Contraeconomía", lo que definió como la "teoría y práctica de toda acción humana que no es aceptada por el Estado y no está involucrada en ningún tipo de violencia iniciática o amenaza de violencia". A través de los años, Konkin perfeccionó su comprensión y escritos sobre el tema y al hacerlo ofreció diferentes definiciones y origen de la Contraeconomía:

> *Una explicación de cómo la gente mantiene su fortuna y propiedades alejada del gobierno es entonces la economía de la contrainstitucion o Contraeconomía para abreviar. La práctica real de las acciones humanas que evaden, evitan y desafían al Estado es una actividad contraeconómica, no obstante, el término Contraeconomía sin duda se utilizará de la misma manera descuidada en que la 'economía' se refiere tanto a la ciencia como al objeto de estudio. Como este escrito constituye la propia teoría de la Contraeconomía, lo que aquí se refiera como Contraeconomía está relacionado con la práctica. (El Manifiesto neolibertario).*

> *Un contraeconomista es (1) alguien que practica un acto contraeconómico; (2) alguien que estudia dichos actos. La Contraeconomía es la (1) práctica, y el (2) estudio de los actos contraeconómicos. (Manual agorista).*

> *La Contraeconomía consiste en hacer lo que usted quiera, cuando usted quiera por sus motivos propios y adecuados (Contraeconomía).La Contraeconomía suena como contracultura, de hecho, el término fue escogido con esta idea en mente. Mientras que la contracultura rechaza la "cultura" de las instituciones y sus valores en la década de los sesenta, los contraeconomistas rechazan la economía de las instituciones, la cual consideran igual de corrupta. Gran parte de la contracultura era contraeconómica, pero gran parte de ella no lo era.* **La antieconomía no es Contraeconomía, de hecho, la Contraeconomía**

como teoría fue desarrollada a partir de lo que se podría llamar una sublevación ortodoxa contra una economía de instituciones herética e impura (Contraeconomía).

Siempre he visto a la Contraeconomía como un método de alinear sus acciones con sus metas y principios declarados. Si usted no apoya las guerras ilegales de agresión, entonces encuentre la manera de evitar los impuestos o donar sus impuestos a la caridad (véase resistencia al impuesto de guerra). Si usted está cansado de que los bancos centrales manipulen la moneda del Estado y que lo esclavicen a través del dinero falso, entonces evite el dinero del Estado, use monedas alternativas, realice trueques, reduzca su necesidad de dinero, etc.

La Contraeconomía sugiere que las personas con moral rompan las leyes perjudiciales a través de la elección consciente de la exclusión voluntaria de los sistemas que no se adaptan a sus valores. Así lo confirmó Konkin en su escrito inacabado La Contraeconomía:

La actividad contraeconómica es una acción humana que ocurre sin la aprobación del Estado. Como las leyes cubren casi todos los esfuerzos humanos, a menudo prohibiendo tanto la acción como la correspondiente inacción, **todas las personas, al menos en un pequeño grado, deben desviar o romper las leyes simplemente para existir.**

Ser un contraeconomista significa que cuando usted se tropieza con un obstáculo a su libertad y a su salud, entonces usted encuentra una forma de evadirlo. Esto puede incluir el uso o la creación de monedas alternativas; los esfuerzos de la puesta en marcha de cultivos en la comunidad que proporcionan una oportunidad para ser libre de las grandes cadenas de supermercados; la resistencia al pago de impuestos y la gestión de un negocio sin licencia. De esta forma su dinero ganado con esfuerzo no irá a manos del Estado y así sucesivamente. La Contraeconomía también amplía la creación de programas de educación alternativos, las escuelas gratuitas o las habilidades compartidas y las empresas de medios de comunicación independientes que contraatacan los discursos de las instituciones.

La realidad de la Contraeconomía está a su alrededor. Cada vez que alguien paga a su vecino en efectivo para cortar el césped o hacer un trabajo manual, entonces estas personas están participando en la Contraeconomía. La transacción no involucra el pago de impuestos que van al Estado y el dinero en efectivo hace que sea una transacción no digital e imposible de rastrear. Si usted alguna vez ha comprado en una venta de garaje, mercado de las pulgas o tiendas temporales y no ha pagado impuestos, o quizás incluso ha pagado con una moneda alternativa, usted ha sido un contraeconomista. Por supuesto, la mayoría de las personas que participan en una Contraeconomía o en una economía "subterránea" o alternativa no se dan cuenta del potencial y probablemente nunca han escuchado algo acerca de Konkin o la Contraeconomía. Él creía que un crecimiento en la concientización y el conocimiento del poder de la Contraeconomía podía generar un movimiento de masas de personas que salen del sistema y construyen nuevos caminos fuera del Estado tecnocrático.

Para una comprensión más profunda del trabajo de Konkin veamos sus escritos sobre el agorismo. Es importante señalar que no es necesario autoidentificarse como un neolibertario, libertario, agorista o anarquista para apreciar o hacer uso de la Contraeconomía. Simplemente se puede practicar la Contraeconomía por los beneficios que ofrece al escapar de la tecnocracia, aunque no se esté totalmente de acuerdo con las teorías de Konkin. Sin embargo, comparto esta investigación porque creo que sus ideas ofrecen un camino viable hacia adelante.

Entender el agorismo

En el Manifiesto neolibertario, SEK3 esboza su visión para un mundo con mayor libertad y justicia al describir por primera vez la condición actual de la sociedad: el estatismo. El estatismo es la tendencia de los ciudadanos de una nación a ver al Estado como el mecanismo que puede llevar a cabo los cambios. Por lo tanto, un estatista es alguien que confía ciegamente en la autoridad del Estado y siempre espera que el Estado sea la solución a los problemas de la sociedad.

Konkin resume brevemente la trayectoria del pensamiento humano, desde la esclavitud hasta el descubrimiento del pensamiento libertario, y enfatiza la importancia de la consistencia entre los medios y el fin. De hecho, Konkin cree que exponer las incoherencias del estatismo es "la actividad más importante del teórico libertario". Desde este punto, Konkin califica el objetivo del agorismo y los medios contraeconómicos como necesarios alcanzar esta meta.

Para pintar una imagen clara de la lucha agorista para un mundo más libre, Konkin explica las cuatro etapas desde el estatismo hasta el agorismo, así como también las diversas acciones que un practicante agorista consciente debe aprovechar para impulsar la propaganda agorista y la actividad contraeconómica. Al entender la visión de progreso de Konkin es posible crear un diagrama que expone hasta dónde ha llegado la sociedad en su conjunto y dónde nosotros, como individuos, encajamos dentro de estas fases. Después de que se realice un esquema de las fases, será posible precisar estrategias que puedan ayudar al neolibertario a pasar de una etapa a la siguiente.

Konkin comienza con la "fase cero: sociedad agorista con densidad cero". La fase cero es la época en que los agoristas no existían y el pensamiento libertario estaba disperso y desorganizado, lo que Konkin dice que ha sido "la mayor parte de la historia de la humanidad". Una vez que los libertarios se percataron de la filosofía del agorismo, comenzó la actividad contraeconómica y pasamos a la "fase 1: sociedad agorista de baja densidad".

En esta fase aparecen los primeros libertarios contraeconómicos. Konkin creía que este fue un momento peligroso para los activistas que serían tentados a utilizar los planes para "liberarse rápidamente". Konkin también recuerda a los agoristas a no ser tentados por las campañas políticas. "Todo fracasará por una sola razón: la libertad crece de forma individual y la conversión de los individuos en masa es imposible", escribió.

La fase 1 se presenta en el momento en que el objetivo principal de los pocos contraeconomistas en ejercicio es el reclutamiento y la creación del "caucus radical", o lo que yo llamo células de la libertad. Konkin también señala que la mayoría de la sociedad actúa "con poca comprensión de cualquier teoría, pero ellos son inducidos debido a la ganancia material a evadir, evitar o desafiar al Estado. ¿Son ellos verdaderamente un potencial esperanzador?".

Para lograr la sociedad libre, Konkin vuelve destacar la necesidad de la educación y "la toma de conciencia de los contraeconomistas hacia el entendimiento libertario y el apoyo mutuo". SEK3 también pidió la creación de un movimiento que pueda tener un crecimiento lo suficientemente sólido en cuanto a la influencia y el número en las últimas etapas de la fase 1 para poder "bloquear las acciones marginales del Estado". La capacidad de bloquear las acciones del Estado ha aumentado rotundamente en los últimos años con la explosión de redes descentralizadas entre homólogos a través del internet que permiten compartir rápidamente la información y llamar a la organización. Hay un número creciente de vídeos en Internet que muestran a las comunidades uniéndose para oponerse a las detenciones injustas por parte de agentes del Estado.

Por ejemplo, los sitios web y aplicaciones como FreedomCells.org, Next-Door.com y GetCell411.com ofrecen herramientas que pueden utilizarse para fortalecer nuestras comunidades, hacer crecer la Contraeconomía, y lograr retroceder al Estado. Al usar la red de células de la libertad, se puede localizar a otros individuos con mentalidad de libertad dentro de su ciudad, Estado o país con el objetivo específico de organizarse en el mundo real y evitar la necesidad de un gobierno.

En 2016, lanzamos FreedomCells.org como una plataforma en línea para construir grupos de ayuda mutua conocidos como células de la libertad, que exploraremos en detalle en el próximo capítulo. NextDoor también permite al usuario conectarse con la comunidad local, tanto digitalmente como en el mundo real. La aplicación tiene el beneficio añadido de estar enfocada a un vecindario específico. Esto permite a las personas publicar información importante sobre seguridad, artículos perdidos y encontrados, u oportunidades de negocios contraeconómicos directamente a los que viven cerca de ellos. Finalmente, Cell411 se describe a sí misma como una "plataforma de gestión de emergencias en tiempo real y gratuita". Esto significa que permite crear "células" o grupos a los que se pueden enviar alertas directas en caso de una llanta desinflada, accidente de auto, violencia de un agente del Estado o alguna otra emergencia. La aplicación también permite compartir viajes en carro verdaderamente agoristas en los que un tercero no dicta el precio del viaje ni la moneda que debe utilizarse.

Nota: Una vez más, para el lector potencial del futuro, si estas aplicaciones y sitios web se han vuelto irrelevantes debido al tiempo y a los avances tecnológicos, es importante asegurar que nosotros, como personas libres, tengamos alternativas al Estado y a las corporaciones.

Cada una de estas herramientas son parte de la tecnología de la Contraeconomía que tiene el potencial de hacer que la intervención y la regulación del gobierno sean completamente inútiles. Si nos apoderamos del momento, podemos hacer crecer los mercados negros y grises usando estas plataformas emergentes entre homólogos. Esto es exactamente lo que Konkin creía que ayudaría al progreso de la sociedad desde la fase 1 a la fase 2.

A medida que pasamos a la "fase 2: densidad media, sociedad agorista de pequeña condensación", los estatistas toman en cuenta el agorismo. Esta es la fase en la que Konkin cree que la Contraeconomía crecerá y los agoristas comenzarán a representar "una subsociedad cada vez más agorista integrada en una sociedad estatista". Aunque la mayoría de los agoristas aún viven en supuestos territorios del estado, comenzamos a ver un "espectro del grado de agorismo en la mayoría de las personas". Esto incluye benefactores del Estado que son "extremadamente estatistas" y "unos pocos plenamente conscientes de la alternativa agorista", sin embargo, la mayoría de la sociedad todavía está comprometida con la economía estatista.

A partir de aquí, Konkin sugiere que los agoristas podrían querer comenzar a condensarse en distritos, guetos, islas o colonias espaciales. De hecho, estamos comenzando a ver la creación de comunidades con mentalidad agorista, personas que habitan en viviendas permanentes en el mar, ecoaldeas, cooperativas, y espacios subterráneos que acentúan la actividad contraeconómica y la creación de contrainstituciones al Estado. Konkin creía que estas comunidades agoristas podrían contar con el apoyo de la sociedad dominante para impedir un ataque del Estado.

Este es el momento en que el asunto de la protección de la comunidad y la defensa entra en juego. Hemos visto la creación de alternativas de protección de las comunidades al monopolio del estado policial (véase el Centro de gestión de amenazas en Detroit y las Autodefensas en México) pero hasta los momentos no ha llegado a existir nada completamente agorista. Es la creación de estos sindicatos de protección de la comunidad lo que finalmente permitirá que el ágora florezca. Sin embargo, para que esto suceda "la sociedad entera debe estar contaminada por el agorismo hasta cierto punto", lo que conduce a la posible creación de un movimiento superior o clandestino que Konkin denomina como la Nueva Alianza Libertaria (NAL). La NAL simplemente actúa como el portavoz del ágora y usa "cada oportunidad para promocionar la superioridad de la vida agorista sobre la vida estatista y tal vez argumentar la tolerancia de aquellos con 'formas diferentes'".

Esto nos lleva a la "fase 3: sociedad agorista de alta densidad y gran condensación,", que se define como el punto en el que el Estado ha entrado en un período de crisis terminal debido, en parte, a "la disminución de los recursos del Estado y a la corrosión de su autoridad por el crecimiento de la Contraeconomía". A medida que el ágora aumenta su influencia, el control absoluto del Estado también se disipa debido a las prácticas económicas insostenibles. Konkin advierte de nuevo que los estatistas tratarán de ganar a los neolibertarios con "antiprincipios" y pide que se mantenga "la vigilancia y la pureza de pensamiento". Los neolibertarios altamente motivados entran en las actividades de investigación y desarrollo (I&D) para ayudar a crear los primeros organismos de protección y arbitraje agoristas que competirán con el Estado. En este punto, el gobierno existe bajo el control del Estado mayormente concentrado en un territorio geográfico. Los que viven bajo el estatismo son muy conscientes de la libertad que experimentan sus homólogos agoristas. El Estado se ha debilitado lo suficiente como para que los "grandes sindicatos de organismos de protección del mercado" puedan contener al Estado y defender a los neolibertarios para que se inscriban en el seguro de protección. Konkin creía que esto era "el paso final antes del logro de una sociedad libertaria". La sociedad está dividida entre las grandes áreas agoristas y los centros estatistas aislados.

La transición de la fase 3 a la fase 4 trae "el último desencadenamiento de violencia por parte de la clase dirigente del Estado". Konkin dijo que una vez que los intelectuales del Estado reconozcan que su autoridad ya no es respetada, elegirán atacar. La defensa contra el Estado se gestionará después de que la Contraeconomía haya generado los sindicatos de organismos de protección lo suficientemente grandes como para defenderse de los estatistas restantes. La NAL debe trabajar para evitar que el Estado reconozca sus debilidades hasta que el movimiento agorista haya contagiado completamente a la sociedad estatista. Una vez que las comunidades agoristas hayan resistido con éxito el ataque del Estado, se completará la revolución agorista. Al pasar de la fase 3 a la 4, Konkin señala que los tres primeros cambios "son en realidad divisiones bastante artificiales, no se produce ningún cambio brusco de la primera a la segunda a la tercera". Sin embargo, él visualizó que el cambio de la tercera a la cuarta fase es "bastante repentino".

En la fase 4, "sociedad agoristas con impurezas estatistas", el Estado ha dado su último suspiro y la Contraeconomía se convierte en el mercado liberado donde los intercambios están libres de coacción. Konkin predice que "la división del trabajo y el autorrespeto de cada trabajador/capitalista/empresario probablemente eliminará la organización empresarial tradicional, especialmente la jerarquía corporativa, una imitación del Estado y no del mercado". Él imagina las empresas como asociaciones de contratistas independientes, consultores y empresarios. Después de que los restos del Estado son capturados y llevados ante la justicia, la libertad se convierte en la base de la vida ordinaria y "nos enfrentamos a los demás problemas que enfrenta la humanidad".

Si la totalidad de la visión de Konkin se hace realidad, el mundo ha hecho al menos un ligero progreso a través de las fases predichas en el Manifiesto neolibertario. Todos los signos apuntan a que la Contraeconomía y la práctica consciente del movimiento agorista se encuentra en algún lugar del final de la fase 1 y se está fusionando con la fase 2. Como se mencionó anteriormente, el internet (y la tecnología en su conjunto) ha aumentado enormemente las posibilidades de éxito de la revolución konkiana. Aunque la humanidad está siendo expuesta al valor de una vida libre de coacción, todavía no ha sido expuesta adecuadamente a las herramientas con las que crear ese mundo. Si el movimiento agorista y la Contraeconomía continúan expandiéndose en igual medida que la violencia y el robo del Estado, solo será cuestión de tiempo para que veamos organismos de protección con capacidad para defender al pueblo. Konkin creía que una vez que el pueblo reconozca que el Estado está debilitado y en declive, las personas gravitarán naturalmente hacia la Contraeconomía, llevando su visión agorista a la realidad.

Es evidente que los pueblos del mundo desean intercambiar sus bienes y servicios sin barreras opresivas y elitistas para entrar en el mercado. El pueblo desea asociarse e intercambiar voluntariamente sin interferencia o intervención. Este deseo siempre conducirá a la creación de actividades contraeconómicas en los mercados negros y grises, siempre y cuando la economía estatista "dominante" esté sujeta a los caprichos de los títeres actuales en control. Sin embargo, tratar de escapar a la regulación del Estado no es el único objetivo de nuestra estrategia agorista y contraeconómica. **El objetivo es una sociedad sin Estado donde la gente libre no está atada por la fuerza y la coerción al Estado parásito y la clase corporativa.**

Aunque rara vez se habla de ello en las escuelas públicas o en los medios de comunicación dominantes, hay varios ejemplos de sociedades y comunidades sin Estado que han existido a lo largo de la historia. Para aquellos interesados en estudiar las sociedades sin Estado del pasado, les recomiendo estudiar El arte de no ser gobernado: Una historia anarquista de las tierras altas del sudeste asiático; Un siglo de anarquía: Moresnet neutral en la visión revisionista de James Scott y La sociedad contra el Estado de Pierre Clastres.

Agorismo vertical y horizontal

Mientras más personas rechazan las mistificaciones del Estado, el nacionalismo, la pseudoeconomía, las amenazas falsas y las promesas políticas traicionadas, la Contraeconomía crece tanto vertical como horizontalmente. Horizontalmente, involucra una mayor cantidad de personas que dirigen cada vez más sus actividades hacia la Contraeconomía, verticalmente, significa que las nuevas estructuras (negocios y servicios) crecen específicamente para servir a la Contraeconomía (enlaces de comunicación seguros, árbitros, seguros para actividades "ilegales" específicas, formas tempranas de tecnología de protección, e incluso guardias y protectores). Finalmente, lo "subterráneo" irrumpe en la superficie donde la mayoría de las personas son agoristas, unos pocos estatistas, y la policía estatal más cercana no puede aniquilarlos eficazmente.

—SEK III, Agorismo aplicado, *Manual agorista*.

Vamos a analizar dos tipos diferentes de medidas contraeconómicas aplicables a una variedad de individuos en una serie de situaciones de vida. Me refiero a estas estrategias como agorismo vertical y horizontal. Estamos trabajando con dos definiciones complementarias de horizontal y vertical que explican más a fondo el "cómo" de la filosofía agorista. Estas definiciones están tomadas de la cita anterior de Samuel Konkin III y del economista sueco austriaco Per Bylund y su ensayo de 2006 llamado *Una estrategia para repeler el Estado*. Comparemos las definiciones y veamos cómo pueden proporcionar un camino para el contraeconomista interesado.

Konkin comienza describiendo la Contraeconomía como un crecimiento horizontal, en el sentido de que existe una porción creciente de la población dominante que dirige sus actividades hacia la economía no estatista. El crecimiento vertical, en el sentido konkiano, involucra la creación real de contrainstituciones a las contrapartes estatistas. Esto significa construir alternativas no solo dirigidas a los centros de poder económico a través de las monedas alternativas, sino también alternativas dirigidas a los medios de comunicación de las corporaciones que manipulan las informaciones y no cubren las noticias de forma imparcial, los sistemas corporativos de producción de alimentos, los centros académicos condescendientes y al creciente complejo industrial sin fines de lucro.

Per Bylund describe su visión del agorismo vertical como la estrategia "introvertida" basada en el trabajo y las ideas del libertario radical Karl Hess. Hess fue un orador y escritor de discursos extremadamente elocuente que pasó de ser conservador a anarquista libertario y luego a organizador y activista comunitario de tendencia más izquierdista. Durante los años sesenta, estuvo muy involucrado en la organización en el campus durante el auge de la nueva izquierda y los movimientos estudiantiles antiguerra. Hess trabajó con Murray Rothbard, Konkin, Carl Ogelsby de los "Estudiantes por una Sociedad Democrática", y varios otros, en un intento de forjar alianzas entre la nueva izquierda emergente y los movimientos libertarios. También fue una de las pocas personas a las que el Servicio de Impuestos Internos le robó el 100 % de su salario por impugnar el impuesto sobre la renta.

En la década de los setenta, Hess cambió el enfoque de su activismo para experimentar en la construcción de una comunidad en el vecindario de bajos ingresos de Adams-Morgan en Washington D.C. En sus libros *Tecnología de la comunidad* y *El Poder del vecindario*, Hess describe cómo trabajó con el vecindario local para construir una comunidad empoderada centrada en la sostenibilidad, o lo que ellos llamaron "tecnología apropiada". Hess describe un vecindario con jardinería acuapónica en los sótanos, jardines en los tejados y servicios comunitarios destinados a reemplazar las opciones del Estado. Él insistía en que las herramientas y la tecnología contribuyen directamente a la libertad. Cuando usted es capaz de compartir herramientas con los miembros de su comunidad, puede compartir el acceso a los medios de producción y fomentar el espíritu empresarial.

Este es el enfoque del apoderamiento de la comunidad al que se refiere Per Bylund como estrategia vertical o introvertida. Estas acciones pueden ser consideradas como agoristas en el sentido de que tienen como objetivo construir la confianza en uno mismo y en la comunidad, en vez de la dependencia a fuerzas externas, pero no son explícitamente contraeconómicas porque no involucran mercados negros y grises. Sin embargo, estas medidas verticales son extremadamente valiosas y necesarias.

El agorismo vertical incluye la participación y la creación de redes de intercambio de comunidades, granjas urbanas, huertos domésticos, mercados de agricultores, así como el apoyo de alternativas a la policía y el respaldo a las tecnologías descentralizadas entre homólogos. Aunque estas medidas verticales pueden involucrar potencialmente el uso de la moneda del Estado (y por lo tanto no serían completamente contraeconómicas), siguen siendo importantes para desafiar la dependencia al Estado y las clases corporativas.

Otras medidas verticales podrían no involucrar directamente el intercambio de moneda, pero a pesar de eso, funcionan contra la dependencia. Esto puede incluir tanto el apoyo moral como la promoción de tecnologías que interrumpe la situación actual y el fomento de relaciones más fuertes entre los miembros de la comunidad.

Un ejemplo muy notable de agorismo vertical se aprecia en el crecimiento de los medios de comunicación alternativos que ha hecho posible el internet. Hace menos de una generación, los principales medios de comunicación pertenecientes a mega corporaciones y estrictamente regulados por el gobierno, controlaban toda la información que se filtraba a la sociedad. La distribución de la información en la sociedad provenía de arriba hacia abajo, lo que hace que sea muy fácil lavar el cerebro e influir a la población a través de la propaganda. Sin embargo, con el auge del internet, los activistas y las personas que buscan la libertad descubrieron que podían usar este nuevo medio para crear sus propios medios de comunicación, convertirse ellos mismos en periodistas y luchar contra la propaganda del Estado. En solo unos pocos años, los medios de comunicación alternativos perturbaron rápidamente el monopolio de los medios de comunicación dominantes, absorbiendo grandes porciones de lo que fue una vez su cuota de mercado exclusiva. El aumento de medios de comunicación independientes proporciona un ejemplo excelente en nuestro estudio de cómo pueden crearse sistemas e instituciones alternativos para competir con los monopolios existentes del Estado. (Desafortunadamente, el nexo corporación-Estado se ha infiltrado en los medios de comunicación sociales también y la censura de las voces independientes es ahora predominante a partir de 2019).

El objetivo es cuestionar y desafiar los mecanismos de poder que buscan influenciar y gobernar nuestras vidas. Esto incluye al Estado, así como otras instituciones que intentan ejercer control e influencia. Por ejemplo, al optar por cultivar sus propios alimentos o apoyar a los agricultores locales, usted está adoptando una estrategia vertical para alejarse de las empresas de biotecnología que promueven el uso intensivo de pesticidas y una tecnología potencialmente peligrosa. De esta forma, usted tampoco está apoyando el transporte de productos alimenticios desde miles de kilómetros de distancia. En su lugar, usted se dirige a su patio trasero o al mercado local para obtener sus productos. Esto aumenta enormemente su independencia mientras finaliza el apoyo a una industria insostenible. Estas medidas verticales son también la forma más fácil de empezar a vivir de acuerdo con sus principios. Una vez más, podemos ver el valor de la consistencia de las palabras y las acciones.

Per Bylund sostiene que su descripción de la estrategia horizontal o extrovertida tiene una relación más directa con las ideas de Konkin. La denominación de extrovertido se relaciona con la audaz elección de realizar acciones que el Estado considera como ilegales o inmorales. Al aventurarse en este territorio, usted se está uniendo a las filas de contrabandistas, fabricantes de alcohol ilegal, traficantes de cannabis, agricultores de guerrilla, traficantes de armas, criptoanarquistas, podadores de césped sin licencia, vendedores de alimentos o barberos. Cuando se combina la estrategia agorista vertical y horizontal, se muestra una imagen que ilustra los pasos que pueden adoptarse por una amplia gama de personas en una variedad de situaciones y entornos de vida.

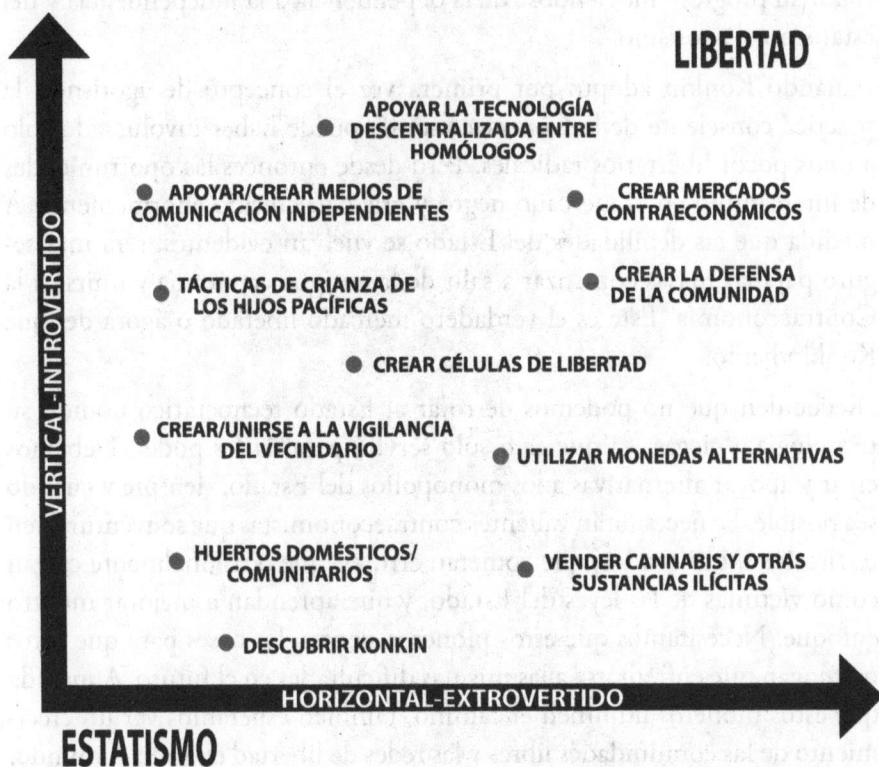

LIBERTAD

VERTICAL-INTROVERTIDO

- APOYAR LA TECNOLOGÍA DESCENTRALIZADA ENTRE HOMÓLOGOS
- APOYAR/CREAR MEDIOS DE COMUNICACIÓN INDEPENDIENTES
- CREAR MERCADOS CONTRAECONÓMICOS
- TÁCTICAS DE CRIANZA DE LOS HIJOS PACÍFICAS
- CREAR LA DEFENSA DE LA COMUNIDAD
- CREAR CÉLULAS DE LIBERTAD
- CREAR/UNIRSE A LA VIGILANCIA DEL VECINDARIO
- UTILIZAR MONEDAS ALTERNATIVAS
- HUERTOS DOMÉSTICOS/ COMUNITARIOS
- VENDER CANNABIS Y OTRAS SUSTANCIAS ILÍCITAS
- DESCUBRIR KONKIN

HORIZONTAL-EXTROVERTIDO

ESTATISMO

En la parte inferior izquierda tenemos el estatismo y en la parte superior derecha tenemos el agorismo. Podemos trazar acciones verticales que ayuden al individuo a alejarse de la dependencia. Quizás su situación esté mejor adaptada a las acciones verticales como cultivar su propia comida, usar mensajes encriptados, organizar intercambios de habilidades entre miembros de la comunidad en su casa, practicar tácticas pacíficas de crianza de los hijos, proporcionar alternativas a las prestaciones sociales del Estado al financiar en masa proyectos comunitarios y alimentar a los indigentes, o simplemente limpiar el vecindario. Cada uno de estos pasos mueve al individuo (y a largo plazo, a la comunidad) verticalmente hacia la consistencia e independencia. Para aquellos que están listos para convertirse en contraeconomistas y asumir los riesgos de la actividad del mercado gris y negro, trazamos sus acciones tanto vertical como horizontalmente. Un agorista practicante horizontal y verticalmente se movería hacia arriba, lejos del estatismo y la dependencia hacia la posición superior derecha del agorismo. Esto significa que, por cada jardín construido, moneda alternativa usada, impuestos evitados, habilidades compartidas, negocios practicados sin licencia, y sustancias ilegales vendidas, el individuo puede trazar su progreso moviéndose de la dependencia a la independencia y del estatismo al agorismo.

Cuando Konkin adoptó por primera vez el concepto de agorismo, la práctica consciente de la Contraeconomía puede haber involucrado solo a unos pocos libertarios radicales. Pero desde entonces las oportunidades de intercambio en el mercado negro y gris han crecido enormemente. A medida que las debilidades del Estado se vuelvan evidentes, será más seguro para las masas comenzar a salir de la antigua economía y unirse a la Contraeconomía. Este es el verdadero mercado liberado o ágora del que Konkin habló.

Recuerden que no podemos derrotar al Estado tecnocrático usando su tecnología a ciegas, ya que esto solo servirá para darles poder. Debemos crear y apoyar alternativas a los monopolios del Estado, siempre y cuando sea posible. Se necesitarán valientes contraeconomistas que se aventuren en territorios inexplorados, que cometan errores, que ocasionalmente caigan como víctimas de las leyes del Estado, y que aprendan a mejorar nuestro enfoque. Necesitamos que estos pioneros sienten las bases para que otros no tengan que enfrentarse a las mismas dificultades en el futuro. A medida que estos pioneros iluminen el camino, también esperamos ver un crecimiento de las comunidades libres y las redes de libertad en todo el mundo.

Tengo una visión de miles de comunidades autónomas entrelazadas, compuestas por individuos con poder, con una variedad de ideas y expresiones únicas de la experiencia humana. Estas comunidades están intercambiando y compartiendo voluntariamente habilidades sin la violencia inherente a nuestro paradigma actual y sin las constantes invasiones de la privacidad. Creo que este mundo puede lograrse con un esfuerzo organizado para difundir la filosofía agorista y aumentar la participación en la Contraeconomía, a través del agorismo vertical y horizontal y el concepto de células de libertad que cubriremos en la parte 2.

Los inconvenientes (y soluciones) de vivir el estilo de vida contraeconómico

Las razones por las que se elige no formar parte de las instituciones "tradicionales" y las expectativas sociales varían de persona a persona, pero generalmente la gente busca detener el apoyo a los sistemas con los que no están de acuerdo. Ya sea que estemos hablando financieramente (para evitar los impuestos) o filosóficamente (por razones morales), muchos de nosotros, que vivimos fuera del sistema dominante, lo hacemos porque diferimos con las personas que dirigen estos sistemas, y en algunos casos, el sistema en su totalidad.

No queremos financiar estos gobiernos al cumplir con el pago de impuestos. No queremos apoyar el sistema bancario monopolizado y los bancos que roban a las personas. No queremos violar nuestra brújula moral o principios al participar en esta farsa. En cambio, tomamos medidas para empezar a retirarnos de estos sistemas tan rápido (y seguro) como sea posible. Cada uno de nosotros tiene una meta diferente y perspectivas diferentes sobre hasta qué punto hay que impulsar el esfuerzo de la exclusión voluntaria y abandonar estos sistemas que promueven el autoritarismo y el robo financiero. Sin embargo, lo que nos une es que creemos que la gente debe ser libre para organizar sus propios asuntos sin la interferencia de una autoridad centralizada en la forma de gobierno o monarcas. En pocas palabras, reconocemos que cada individuo se pertenece a sí mismo y debe ser capaz de vivir libre de interferencias, extorsión, amenazas de violencia y compasión forzada.

Cuando llegué a estas conclusiones, tuve un cambio interno que fue muy profundo y simple: *Ya no participaré en sistemas que no apoyo*. Primero, dejé de usar los bancos porque vi los resultados de la crisis financiera de 2008 y me enteré de que muchas crisis económicas fueron creadas por los banqueros a lo largo de la historia. En segundo lugar, me niego a usar una tarjeta de crédito y nunca intenté establecer una línea de crédito en todos estos bancos. También dejé de conducir porque no quería tener una identificación del Estado y en lugar de eso, solo utilizo un pasaporte. Al final del año 2010, llegué a comprender la naturaleza de la guerra y la violencia que es perpetuada por el impero americano y decidí que ya no pagaría el impuesto sobre la renta. Dejé de declarar y me he esforzado por mantener mis ingresos por debajo del umbral de pobreza. También dejé de realizar trabajos que me remuneraban con un cheque.

Desde ese momento, he comenzado un par de negocios por mi cuenta (sin hacer el papeleo para las licencias estadales) y solo acepté dinero en efectivo, plata o criptomoneda.

Toda mi ganancia ha sido en metales, dinero en efectivo, pagos digitales o trueque. Obviamente, todavía pago el impuesto sobre las ventas cuando no compro en un mercado de agricultores o compro directamente a un empresario del mercado gris, pero la idea es tomar medidas hacia la definitiva exclusión voluntaria. No sucede de repente y no llega sin ningún tipo de lucha. Tomemos un momento para analizar algunas de estas luchas y sus soluciones posibles.

En primer lugar, ¿cuáles son los posibles inconvenientes de no usar un banco? Antes de que respondamos a esta pregunta, debemos destacar que existen alternativas a los grandes bancos, incluyendo las cooperativas de crédito locales y las cooperativas. Estas instituciones están normalmente más conectadas con la comunidad local y no están involucradas en el robo económico. Sin embargo, investigue y utilice estas alternativas bajo su propio riesgo. Una de las críticas a la libertad bancaria es el temor a la falta de seguridad cuando no se almacenan fondos en una institución bancaria tradicional. El hecho es que usted puede confiar en una institución bancaria y en el gobierno de Estados Unidos, o puede elegir asumir la responsabilidad personal y guardar su dinero bajo el colchón, en una caja fuerte, en un banco privado, o en cualquier otro lugar que desee, siempre y cuando tome las medidas de seguridad adecuadas.

Más allá de los riesgos de seguridad, siempre existen desventajas financieras al no usar bancos. Recientemente recibí un pago por cheque por una actuación en los medios de comunicación. No solo me vi obligado a visitar un banco para cambiar el cheque (*Bank of America*, ni más ni menos), sino que el banco me cobró ocho dólares para hacer efectivo el cheque por no abrir una cuenta bancaria. Ahora, este problema se soluciona fácilmente a través de una educación permanente acerca del valor de no usar bancos (el dinero respaldado por el gobierno) y el poder de las monedas alternativas. Desafortunadamente, aún estamos en un punto en el que pocas personas conocen y comprenden estos valores, lo que resulta en limitadas opciones en el mercado. La compañía que me envió el cheque es una vieja empresa de medios de comunicación cuyos empleados ignoran la filosofía agorista, la Contraeconomía y las opciones de pagos digitales. No existen muchas probabilidades de que los convenza de pagarme en plata o en criptomoneda. Es importante recordar esto porque hasta que construyamos un sistema paralelo completo que ofrezca una alternativa al paradigma actual (en cada ámbito de nuestras vidas), ocasionalmente tendremos que efectuar negocios con personas que todavía declaran impuestos y, por lo tanto, mantienen un registro de cada transacción financiera.

Otro problema reciente con el que me encontré, es el alquiler o la compra de propiedades. En mi caso, intentaba alquilar un apartamento en una gran ciudad, pero estos obstáculos también se presentan en cualquier lugar. Debido a que he alquilado a través de diferentes personas durante años, se ha vuelto cada vez más difícil hacerlo por mi cuenta, ya que tengo cada vez menos registros para mostrar a los potenciales propietarios o agentes de bienes raíces. En el caso más reciente, conseguí diferentes propiedades potenciales, contacté a los dueños de las propiedades, e intenté negociar mi entrada al nuevo hogar. No tengo problemas en pagar el alquiler a tiempo, pero la falta de un talonario de cheques ocasiona problemas con los individuos que buscan formas tradicionales de pago.

Una vez más, cuando trato de explicar que recibo dinero de simpatizantes a través de *Patreon*, el dinero que se maneja a través de esta cosa loca llamada criptomoneda y algo de dinero en efectivo, normalmente me miran con una expresión confusa en su rostro. Les explico que puedo mostrarles pagos recibidos por *Paypal* pero tampoco parece satisfacerles. A partir de ahí, los dueños de las propiedades tienden a pedir los estados de cuenta bancarios. Cuando digo que no, ellos se muestran desconcertados y entonces piden un registro de los impuestos. Cuando les digo que tampoco tengo eso, me miran como si yo personalmente hubiera faltado al respeto a su madre. Al final de estas conversaciones, me dicen que no me pueden alquilar porque no hay forma de verificar mis ingresos.

Entonces, ¿cuál es la solución a estos problemas? La solución más obvia es la educación. Aquellos de nosotros que valoramos la idea de que todas las personas con moral deberían optar por no participar en los sistemas inmorales y crear nuevos, debemos dedicar nuestro tiempo y energía educando a los otros acerca del valor de estas acciones. Mientras más gente entienda este concepto, existirán más empresarios que optarán por la exclusión voluntaria y generarán valor en la Contraeconomía. Ahora, en cuanto a la situación bancaria, las criptomonedas le están mostrando al mundo como es la banca digital descentralizada. Cuanta más energía pongamos en apoyar (o crear) monedas alternativas (digital u otra distinta), menos poder tendrán los monopolios bancarios centralizados.

En cuanto a las soluciones para alquilar un apartamento, cuando usted vive la mayor parte del tiempo fuera del sistema, creo que la tecnología de cadena de bloques ofrece una esperanza. La cadena de bloques es la tecnología del libro de contabilidad digital entre homólogos detrás del *Bitcoin* y otras criptomonedas. Para entender cómo las cadenas de bloques ayudan, tenemos que pensar por qué los agentes de bienes y raíces y los dueños de propiedades quieren ver los documentos de un banco o gobierno. Confianza. Seguridad. Debido a la gran cantidad de propaganda difundida en las escuelas públicas, la mayoría de las personas crecen con la creencia que estas instituciones son una parte esencial de la vida, e incluso una fuerza benevolente en nuestras vidas. Nos enseñaron a confiar y cooperar con estas instituciones. La persona promedio no confía o cree que alguien es auténtico o valioso o digno de ser alquilado, si no posee dicha documentación.

Así que imagine si cada semana cuando me pagan por los artículos que escribo, hago una captura de pantalla del pago digital (o una foto si alguien me paga en efectivo por un trabajo bien hecho) y lo registro en una cadena de bloques. La cadena de bloques es descentralizada, significa que no se pueden alterar o borrar los registros. Si continúo registrando mis estados de ganancia semanales en una cadena de bloques, obtendría un registro descentralizado y transparente de mi historial o cualquier otro documento que yo elija colocar en la cadena de bloques. De hecho, esto podría estar ya sucediendo al hacer publicaciones en un sitio web como *Steemit*. Los agentes de bienes raíces o dueños de propiedades entienden las cadenas de bloques o están dispuestos a aprender y ellos pueden sentirse seguros porque existe un registro de mi pago. Podríamos incluso firmar un contrato juntos en una cadena de bloques. Esto permite tener transparencia y seguridad en ambos lados.

Creo que soluciones como esta son el futuro y comenzamos a ver cómo eso se desarrolla poco a poco. Por el momento existen dificultades, ya que nosotros los pioneros agoristas realizamos el trabajo preliminar para la Contraeconomía y la próxima etapa de la evolución humana. Haga su parte en la creación del futuro al educarse usted mismo y a los otros acerca del agorismo y la Contraeconomía.

(Este ensayo fue publicado originalmente en el boletín de noticias de los contramercados).

PARTE 2

LA CONTRAECONOMÍA COMO SOLUCIÓN A LA TECNOCRACIA

Los siguientes ensayos son de mi autoría y están combinados con las notas de SEK3[1] de sus capítulos finales no escritos. Elegí no terminar todos sus capítulos inacabados y en su lugar me centré en las áreas que creo que tienen el mayor potencial para educar al lector sobre la Contraeconomía. Estoy en deuda con SEK3 por sus notas y su inspiración.

1. Samuel E. Konkin III

La Contraeconomía en la era digital

Hasta ahora hemos compartido la historia de la tecnocracia, la estrategia de la Contraeconomía y el agorismo. También exploramos cómo el camino de la Contraeconomía tiene el potencial para ser la solución a nuestra distopía digital. Ahora discutiremos las soluciones para vivir una vida libre del control del Estado Tecnocrático tanto como sea posible.

Además de ser un filósofo anarquista, Konkin también era un fanático de la ciencia ficción. Estos dos intereses se fusionaron con su "descubrimiento" de la Contraeconomía, ya que fue su apreciación del género de la ciencia ficción lo que lo condujo a proponer que la tecnología podría desempeñar un papel en la liberación de las personas de las cadenas de la esclavitud y el desarrollo de la Contraeconomía. Konkin murió en 2004, poco antes de que los medios sociales, la criptomoneda y el cifrado digital se convirtieran en la corriente principal. Mucho antes de que aparecieran el bitcoin o la criptomoneda, Konkin discutió conceptos similares y predijo que la nueva tecnología informática facilitaría la actividad contraeconómica. Sin embargo, Konkin no era un tonto. Se dio cuenta de que las autoridades usarían la tecnología digital emergente para ampliar el control estatal.

Como alguien que ha pasado los últimos siete años promoviendo las ideas de Konkin, reconozco que el Estado tecnocrático amenaza con eliminar la capacidad de la exclusión voluntaria de forma segura del sistema del Estado corporativo. Necesitamos desesperadamente soluciones para mantener el anonimato y la privacidad necesarios para dirigir con seguridad la Contraeconomía en el mundo digital distópico en el que ahora vivimos. No está claro si Konkin podía ver la dirección en la que el mundo se orientaba cuando dejó este planeta, pero estoy contemplando este asunto. Lo que nos lleva a la siguiente conversación.

¿Qué significa ser un contraeconomista en la era del estado de vigilancia? ¿Cómo se puede participar en la economía "subterránea" cuando el "Big Brother" siempre está vigilando? ¿Será posible privar al Estado una vez que los puntajes de crédito social sean obligatorios?

Comencemos por examinar el panorama actual del mundo con respecto a la vigilancia digital y la privacidad en general. A partir de 2020 la mayoría del mundo "desarrollado" ha adoptado el uso de algún tipo de tecnología digital, incluyendo celulares, tabletas, computadoras portátiles, computadoras o tecnología digital que se puede llevar puesta. La clase media y alta se están sumando a la última moda de todos los adelantos inteligentes, rodeándose de tecnología que puede escuchar, grabar y/o ver su vida cotidiana. Desde los timbres con cámaras hasta los asistentes digitales para el hogar y los televisores que siempre están escuchando, las masas están abandonando voluntariamente la privacidad en nombre del entretenimiento y la conveniencia.

Al mismo tiempo, las fuerzas del orden y los organismos gubernamentales siguen afirmando que necesitan toda clase de dispositivos de alta tecnología para impedir el terrorismo y los delitos violentos. Herramientas de vigilancia de teléfonos celulares, cámaras lectoras de matrículas, cámaras de reconocimiento facial, radares que pueden captar a través de las paredes, aviones de vigilancia secretos, monitoreo de medios sociales, recolección de ADN, detección de marcha, detección de voz, y puntajes de amenaza: estas herramientas resultan cada vez más accesibles para los departamentos dispuestos a pagar. También hay megacorporaciones semiprivadas que compran todos los datos que pueden conseguir sobre los consumidores potenciales. Estos datos se utilizan para vendernos cosas que no necesitamos, controlar nuestros hábitos diarios, y finalmente presionarán a cada individuo para que sea obediente al Estado tecnocrático bajo la amenaza de castigo y exclusión del mundo digital.

En 2019, la organización de tecnología de consumidores *Comparitech* determinó que los Estados Unidos, China, Malasia, el Pakistán, la India, Indonesia, Filipinas y Taiwán eran los peores infractores en lo que respecta a la protección de la privacidad de los datos biométricos de las personas. *Comparitech* dijo que estas naciones utilizan los datos biométricos con "un alcance severo e invasivo". De hecho, la tecnocracia es un problema creciente en todo el mundo.

En los Estados Unidos, la Agencia Federal de Investigaciones (*Federal Bureau of Investigation*, FBI) ha luchado durante años para mantener en secreto una base de datos que contiene por igual cientos de millones de "huellas faciales" tanto de ciudadanos estadounidenses como de ciudadanos que no lo son. Es importante señalar que la tecnología de reconocimiento facial no se limita a escanear la cara de alguien. El software más reciente también será capaz de evaluar (y predecir) sus emociones y estado de ánimo. El FBI también ha estado librando una guerra contra el cifrado, temiendo que la gente pueda desarrollar un código indescifrable y así mantener cierto nivel de privacidad.

La Agencia de Seguridad en el Transporte de los Estados Unidos (*Transportation Security Administration*, TSA) ha comenzado a probar la tecnología de reconocimiento facial en aeropuertos seleccionados para viajeros internacionales y existen planes de ampliar el programa en 2021 y 2023. El gobierno de los Estados Unidos ha expresado su interés en ampliar el programa a todos los viajeros. Los planes para este tipo de red de control biométrico en los Estados Unidos fueron puestos en marcha por la Ley de Reforma de la Inmigración Ilegal y de Responsabilidad del Inmigrante de 1996 y se expandió después de los ataques del 11 de septiembre de 2001. Sin embargo, ha habido un exitoso retroceso contra la tecnocracia. A partir de diciembre de 2019, tres diferentes ciudades estadounidenses han prohibido o regulado el programa de reconocimiento facial en espera de un estudio más profundo.

En noviembre de 2019, Francia se convirtió en el primer país europeo en utilizar la tecnología de reconocimiento facial como parte de una identidad digital nacional para los ciudadanos. La nueva aplicación gubernamental funciona a través del reconocimiento facial y dará acceso a los usuarios a unos quinientos sitios web del gobierno. Los que decidan no participar teóricamente no podrá acceder a esos sitios web gubernamentales.

Los ciudadanos de la India ya se están viendo excluidos del programa de identificación biométrica *Aadhaar*. Con este sistema han empezado a surgir informes que detallan casos de ciudadanos a los que se les ha negado el acceso a los servicios debido a los fallos técnicos de *Aadhaar* y que finalmente mueren de inanición como resultado. El programa se lanzó en 2009 con el objetivo de dar a cada ciudadano indio un número de identificación único y verificado biométricamente. A finales de 2019, se estima que 1.200 millones de indios se inscribieron en el programa. Se escanea el iris y/o las huellas dactilares de los usuarios y luego ellos reciben un número único de doce dígitos vinculado a sus datos biométricos y demográficos. Usarán este número de identificación cuando se casen, abran una cuenta bancaria, paguen impuestos, firmen un contrato de telefonía celular, o incluso cuando inicien una cartera digital. Una vez más, parece obvio que aquellos que encuentren una manera de evitar el sistema serán excluidos de la sociedad dominante.

China es quizás el mejor ejemplo actual de un Estado tecnocrático autoritario avanzado y probablemente el modelo para el resto del mundo. Otro estudio de 2019 de *Comparitech* informó que ocho de las diez ciudades más vigiladas del mundo se encuentran en China. Para 2022 se proyecta que China tendrá una cámara de televisión pública de circuito cerrado (CCTV) por cada dos personas. Se estima que unos doscientos millones de cámaras de CCTV son parte de una red *Skynet* activa en toda China. El gobierno chino también ha comenzado a recolectar el ADN de los ciudadanos para construir una base de datos de ADN. El gobierno ha sido criticado por los centros de detención construidos para los uigures, una minoría musulmana que se ha visto obligada a instalar un programa espía en sus teléfonos y someterse a reconocimiento biométrico. Sin embargo, el gobierno chino afirma que los centros de detención son centros de formación profesional voluntaria. En diciembre de 2019, el gobierno chino implementó una nueva norma que solicita a los 854 millones de usuarios de internet en China la utilización de identificación facial para solicitar nuevos servicios de Internet o de telefonía celular.

Igualmente de inquietante es la implantación permanente del sistema de crédito social a nivel nacional. A partir de 2009, el gobierno chino comenzó a probar un sistema de reputación nacional basado en la reputación económica y social de un ciudadano o "crédito social".

Este puntaje de crédito social puede usarse para recompensar o castigar ciertos comportamientos. A finales de 2019, los ciudadanos chinos perdieron puntos en su calificación por comportamiento financiero deshonesto y fraudulento, por poner música alta, comer en el transporte público, cruzar la calle imprudentemente, saltarse los semáforos en rojo, no asistir a citas con el médico, no acudir a las entrevistas de trabajo o reservar un hotel y luego no cancelarlo y clasificar incorrectamente los residuos. Para elevar el puntaje de crédito social, un ciudadano chino puede donar sangre, donar a una organización de beneficencia aprobada, ofrecerse como voluntario para el servicio comunitario y otras actividades aprobadas por el gobierno. El gobierno chino ha empezado a negar a millones de personas la posibilidad de comprar boletos de avión y tren de alta velocidad debido a los bajos puntajes de crédito social y a ser etiquetado como alguien que es "indigno de confianza".

Este es el mundo de principios del siglo XXI. Si asumimos que la tecnología continuará avanzando exponencialmente, entonces ciertamente es una apuesta segura que las preocupaciones de vigilancia y privacidad están aquí para quedarse. A menos que haya algún tipo de resistencia a estos peligros, la privacidad se verá completamente destruida en una década. Por el momento, estas tecnologías son en su mayor parte voluntarias. Por ejemplo, usted no tiene que comprar el último dispositivo digital para tener un hogar automatizado y no tiene que llevar un celular con usted a todas partes. Esto significa que tiene el poder de decidir qué tipo de productos y empresas apoya con sus compras y cómo interactúa con la tecnología. No tenemos que someternos a ciegas y adherirnos a cada actualización o avance tecnológico más reciente.

El elemento más inmediato y amenazador de la tecnocracia es el Estado. Mientras que las corporaciones están reuniendo cantidades enormes de datos de individuos que han elegido comprar o usar ciertos productos, el gobierno puede aprovechar su aparente autoridad legítima para obligar a las comunidades a someterse a la tecnología biométrica. La historia está llena de ejemplos de multitudes de personas que son influenciadas por la propaganda para trabajar en contra de sus propios intereses. Aunque la población colectiva puede ser fácilmente persuadida, siempre habrá individuos que se resistan.

Como individuos podemos optar por no participar en los planes obligatorios de biometría y crédito social. Pero si todos los que nos rodean siguen optando por ello, es probable que elijan no asociarse con aquellos que tienen una baja puntuación de crédito social. Algunas personas harán esto por miedo a que su propia puntuación disminuya por andar con tipos "indignos de confianza". Puedo oírlo ahora: "Sabes que te aprecio, amigo, pero si mi puntuación baja más, no podré sacar del país a la familia para las vacaciones" o "No podré conseguir ese préstamo, comprar ese carro, o visitar los parques públicos" y la lista continúa. Este es el verdadero poder de la ingeniería social.

Como hemos señalado anteriormente, el Estado tecnocrático está creciendo en todo el mundo. Esto significa que en algún momento en el futuro cercano USTED tendrá que decidir. *¿Se someterá al reconocimiento facial obligatorio para poder viajar? ¿Se someterá a la biometría a cambio de un acceso continuo a los servicios del gobierno? ¿Qué hará cuando la red inteligente 5G esté en todas partes, desde la gran ciudad hasta el campo? ¿Dará acceso a su compañía de seguros de auto a su ubicación por una tarifa de* *descuento? ¿Ya está usando sus huellas digitales o su cara para desbloquear su teléfono celular o su casa?*

La respuesta a estas preguntas determinará su futuro. Estoy actuando bajo la suposición de que, si usted encontró su camino hacia este libro, usted es al menos curioso acerca de lo que se necesita para vivir una vida próspera que no está bajo el control del Estado tecnocrático. Si ese es su objetivo, entonces tiene algunas opciones:

1. Hacerse responsable. Esta opción es para la persona que no tiene interés o capacidad de salir de casa debido a alguna otra opción (potencialmente mejor). Si usted está comprometido con su hogar o no tiene otra opción, entonces esto es para usted. Puede consumirse y marchar con el resto de las ovejas al matadero o puede intentar crear un cambio. Encuentre maneras de llegar a los demás y educarlos sobre los peligros. Esto puede implicar la lucha por el cambio político a nivel local, repartiendo volantes, educando a la gente sobre los peligros de la banca con tecnologías móviles o haciendo campañas en los medios sociales. Entiendo que no todos podemos ser activistas a tiempo completo, pero cada uno de nosotros puede encontrar una manera de contribuir al objetivo de crear una comunidad de personas que voluntariamente eligen no formar parte del Estado tecnocrático. Por supuesto, cuanto más cerca esté de una gran ciudad y de la "civilización", más difícil será evitar la creciente tecnocracia.

2. Salir y construir. Esto implica dejar atrás su base de operaciones y mudarse a un lugar con prácticas menos invasivas y con menos influencia tecnocrática del Estado corporativo. Si ha decidido que vive en una zona donde no hay esperanza y prefiere empezar de nuevo, entonces debe salir y construir algo que refleje tus valores. Esto podría hacerse en solitario, en pareja, con la familia e incluso con amigos. Tal vez compren un terreno, compartan una zona habitable, o vivan uno junto al otro en un vecindario. No importa cuál sea la situación de vida, la intención aquí es construir una comunidad que provea algún nivel de seguridad y privacidad para aquellos que opten por no formar parte del mundo tecnocrático dominante. Quiero enfatizar que esta opción no implica necesariamente abandonar su casa. Como describiré en el capítulo sobre el ferrocarril subterráneo contraeconómico, elegir salir y construir antes de que ocurra un inconveniente podría ayudar a sus amigos cercanos y a su familia en el futuro cuando realmente importa.

Hablaremos más sobre eso más tarde.

3. La apatía es la muerte. Por supuesto, usted siempre es libre de no hacer nada. Tal vez vea lo que muestra el horizonte y decida que: a) es demasiado tarde para detener la tecnocracia; b) es demasiado laborioso hacer un esfuerzo, o c) solo está tratando de cuidar de su propia familia y vivir una vida pacífica. Podría seguir, pero es probable que usted entienda el punto. Es su vida y no está obligado a emprender ninguna acción al enterarse de la tecnocracia y la distopía digital que se está construyendo. Sin embargo, quiero advertir que la apatía de hoy solo hará la vida más difícil para las generaciones del futuro. Si queremos preservar y extender la libertad y la privacidad de todas las personas, tendremos que adoptar medidas de manera realista y tangible.

Por supuesto, podríamos proponer una docena de opciones más, pero normalmente, creo que todos los planes se pueden clasificar en una de estas tres categorías. Para aquellos que elijan la opción 1, es importante entender que decidir permanecer en el sitio mientras se intenta salir voluntariamente de la tecnocracia implicará romper la ley en algún momento. A medida que el Estado continúe presionando para que se adopten ampliamente los sistemas obligatorios de biometría (escaneo de retina, huellas dactilares y rostro) y los sistemas de crédito social, será cada vez más difícil operar su vida sin violar directamente las órdenes del Estado tecnocrático. El truco es determinar el riesgo potencial contra el beneficio potencial.

Como Konkin escribió una vez, "riesgo comercial a cambio de beneficios". Teniendo en cuenta que toda decisión que tomamos es económica (ya sea que se relacione con el dinero o no), Konkin reconoció que elegir violar las órdenes del Estado era un riesgo que podía resultar en un beneficio mediante un aumento de la libertad, de una u otra forma. Así que cuando elige no informar sobre todos sus ingresos en sus impuestos para ahorrar dinero para su familia, usted está cambiando un riesgo por un beneficio. De manera similar, en caso de que el Estado emita órdenes de vacunación obligatoria, escaneo de retina obligatorio, implante de microchips obligatorio, o cualquier otro programa obligatorio, usted tendrá que tomar una decisión. Puede someterse a estos programas por miedo al castigo o al daño a su reputación, o puede elegir conscientemente no participar en estos sistemas. Habrá riesgos y habrá beneficios. Depende de usted decidir qué es lo mejor para usted y su familia.

En su libro inacabado de la *Contraeconomía*, Samuel Konkin describió lo que él llama la Contraeconomía de bajo perfil y de alto perfil, dos tácticas diferentes disponibles para aquellos que buscan la exclusión voluntaria de los sistemas invasivos. Mientras que la Contraeconomía de bajo perfil implica la discreta exclusión voluntaria de la tecnocracia, la de alto perfil implica actuar de forma poco convencional y provocativa.

La Contraeconomía de alto perfil se ocupa de un campo particular de la coacción del Estado llamando la atención sobre su victimización. Cuanto más ruido, mucho mejor. Los famosos ocho de Chicago utilizaron la publicidad para mantenerse fuera de la cárcel durante años, incluso después de sus condenas.

Los desobedientes civiles confían en la presión pública para mantenerlos fuera de la cárcel o para minimizar sus penas. De hecho, los responsables del cumplimiento de las leyes del Estado son precavidos en cuanto a la creación de mártires. El concepto mismo de mártir muestra el poder de la información. ¿Qué es un mártir sino un cadáver con una buena historia?

Los contraeconomistas de alto perfil tienen mayores riesgos porque son muy fáciles de detectar. Obtienen la ventaja de un flujo de información adicional, desde ellos mismos al resto del mercado. En la medida en que tienen éxito, se convierten en fuente de inspiración.

Konkin dijo que los que perseguían ser de bajo y alto perfil simultáneamente, podían hacerlo a través de una tercera categoría: la comunidad contraeconómica.

Konkin señala los beneficios de tener aliados que también participan en la Contraeconomía y en la exclusión voluntaria de la tecnocracia. Por eso será importante formar algún nivel de comunidad como una red de apoyo mutuo que permita una vida "fuera de la red". Konkin escribió:

Se puede perseguir cualquier grado de notoriedad (o, por decirlo de otra manera, anunciar libremente los propios servicios) dentro de la comunidad de colegas contraeconomistas sin informar al Estado, a sus agentes y, por supuesto, a sus informantes. Para hacerlo, es necesario controlar el flujo de información sobre uno mismo.

Una de las grandes ideas expuestas por Konkin en *La Contraeconomía* es la importancia de controlar el flujo de información sobre uno mismo, "en particular, el flujo de información de usted al Estado". Konkin dice que las dos maneras obvias de escapar de la atención del Estado es no existir y "si existe, no se lo diga a nadie". La meta es entonces reducir la interacción con el Estado y/o las empresas privadas que quieren escanear su rostro, grabar su vida y obligarlo a someterse.

Hay muchas maneras de acercarse a este propósito. Por ejemplo, Konkin destacó que algunos aspirantes a contraeconomistas han optado por "aislarse del contacto con cualquiera que pudiera llegar a conocerlos, estar y mantenerse fuera de todas las listas de correo, operar con dinero en efectivo y nunca utilizar los bancos, e incluso evitar las residencias legales, viviendo en remolques como nómadas o en tierras abandonadas en cuevas o estructuras improvisadas". Aunque esto pueda parecer extremo para algunos, durante un breve período en la década de los sesenta estos individuos promovieron la filosofía de *Vonu*, o invulnerabilidad a la coacción, e intentaron evitar todo contacto con el Estado. Tom Marshall, alias Ryo, fue el principal defensor de *Vonu* y a menudo escribió sobre la búsqueda de su versión de la libertad al optar por la exclusión total de la sociedad y vivir en solitario en la naturaleza o en su casa rodante. Algunos de los que eligen la opción dos pueden estar interesados en *Vonu*, pero en mi experiencia la mayoría de la gente parece estar interesada en vivir con su familia o en una comunidad de personas con ideas afines que no quieren someterse a la prisión digital en vez de estar solos. Si se aprende alguna lección de los defensores de *Vonu* es que la exclusión voluntaria es absolutamente posible, ya sea a través de una Contraeconomía de alto perfil o de un estilo de vida *Vonu* de perfil extremadamente bajo. [Para aquellos interesados en obtener una visión más profunda de *Vonu*, recomiendo revisar el libro *Vonu: una estrategia de autoliberación* (*Vonu: A Strategy for Self-Liberation*) de Shane Radliff].

Tanto Konkin como Ryo advirtieron sobre las dificultades que enfrentan aquellos que buscan la liberación y la privacidad dentro de la ciudad. Sin embargo, en el mundo digital cada vez más interconectado en el que vivimos, la privacidad puede ser difícil inclusive en las zonas rurales. Ya sea que elija *hacerse responsable* y construir la comunidad en la ciudad o pueblo donde vive o *salir y construir* su comunidad en un nuevo lugar, la meta es limitar la interacción con el Estado tecnocrático. Aquí es donde podemos aprender de los entusiastas de *Vonu* que hablaban de "interactuar" con el resto de la sociedad de forma selectiva.

Konkin dice que una forma de interactuar con la "economía formal o de las instituciones" (o del mundo convencional en general) es crear una identidad ficticia que asuma los riesgos. En este caso, usted puede dejar esta identidad de inmediato si es necesario. En el mundo digital es fácil crear un personaje alternativo en línea, pero es más difícil estar realmente desconectado de su identidad en línea. En mi carrera de periodista he visto a los gobiernos rastrear a la gente con teléfonos, cámaras, computadoras y GPS e incluso descifrar la encriptación. Como Konkin describe: "Si los agentes del Estado se están acercando a este alter ego, siempre y cuando lleve el disfraz, se están acercando a usted". Además, todo lo que ganase mientras use la identidad falsa, cuentas, contactos y propiedades, se perdería.

Konkin consideraba que las falsas personalidades eran valiosas, pero al final, creía que era necesario categorizar su flujo de información en un sistema de capas. Por ejemplo, en una capa usted debe revelar alguna información para interactuar con el resto del mundo. Esta información puede incluir "que usted tiene un producto o servicio, cuánto costará, lo que aceptará como forma de pago, cómo puede ser contactado y cuándo está disponible. Si hay múltiples pagos, concesión de créditos, negocios recurrentes, y seguimiento post-venta involucrados, debe fluir aún más información de usted".

Al comprar o vender un producto, trabajar para un empleador o viajar, usted dejará un rastro de papel digital y también es más probable que se enfrente a las herramientas biométricas de la tecnocracia. Una vez más, si vive en una ciudad grande (o incluso en una pequeña) y escoge la opción 1, estos son los desafíos que tendrá que enfrentar. En los Estados Unidos, China, Reino Unido, Francia, Australia, India, etc., las cámaras de circuito cerrado conectadas a "centros de crímenes en tiempo real" y "centros de fusión" que funcionan las 24 horas del día, mantienen a los civiles de la mayoría de las grandes ciudades bajo una fuerte vigilancia. De forma progresiva, estas cámaras están siendo equipadas con programas de reconocimiento facial. Para combatir esta amenaza hay dos estrategias principales que llamo *ser invisible* y *buscar y destruir*.

Ser Invisible

Si su objetivo es permanecer con bajo perfil y *ser invisible*, hay pocas medidas que puede tomar inmediatamente:

- Deje de llevar teléfonos celulares a todos los lugares donde vaya.
- Deje de usar el GPS
- Borre las cuentas de los medios sociales y las aplicaciones que lo siguen.

- Deje de usar las tarjetas de crédito y débito.

- Cancele su cuenta bancaria (use una cooperativa de crédito si necesita guardar sus fondos).

- Deje de trabajar en los empleos de la economía convencional.

- Deje de pagar impuestos.

Ahora, obviamente algunas de estas opciones van a ser extremas para algunas personas. Todo se trata del nivel de flujo de información que esté dispuesto a aceptar. Algunas personas no pueden renunciar a sus trabajos regulares o cancelar sus cuentas bancarias o borrar sus cuentas de medios sociales. Lo entiendo. Esto significa que habrá algún nivel de información sobre su disponibilidad para aquellos con el dinero y el deseo de comprarlo. Esencialmente no hay nada malo en esto. Tal vez su mayor preocupación es simplemente asegurarse de que los teléfonos celulares y los asistentes digitales para el hogar no le escuchen todo el tiempo. Así que elija no comprar un *Alexa, Echo*, etc. y escoja encender el celular solo cuando lo necesita. Estas son elecciones personales y serán diferentes para cada individuo. El punto es que usted tiene el control de los datos que salen de usted.

Cuando se trata del mundo digital existe todavía un valor increíble para entender cómo usar el cifrado. El número de dispositivos digitales que usted utiliza se correlaciona directamente con su nivel de privacidad y libertad. Si su WIFI, teléfono, computador portátil, tableta, etc. funcionan sin ningún tipo de cifrado, usted está a merced de todo tipo de personajes malvados. También está el asunto de que se construyan computadoras que luego estarán a la venta, con defectos en el sistema que permitan al gobierno y a las empresas privadas acceder a sus datos sin problemas. Por supuesto, el uso de una red privada virtual es valioso pero los documentos filtrados por Edward Snowden demostraron que la Agencia de Seguridad Nacional de los Estados Unidos puede descifrar estos también. Una herramienta discutida por Konkin que sigue siendo valiosa es la criptografía de clave pública. No tenemos espacio aquí para dar mayor detalle, pero recomiendo aprender más sobre la privacidad criptográfica y la encriptación *Pretty Good Privacy* (Privacidad bastante buena).

Agregaré una última advertencia sobre la comunicación digital: suponga que alguien puede verla. Incluso si usted está usando aplicaciones de mensajería encriptada que prometen destruir sus mensajes instantáneamente, esto es una buena suposición de que los gobiernos americano y chino pueden acceder a ella si así lo deciden. Todas las comunicaciones digitales pueden ser recolectadas, almacenadas y analizadas si alguien quiere hacerlo. Trabaje siempre como si alguien más pudiera ver lo que está enviando. Si se necesita comunicar algo sensible, entonces dígalo en persona en una habitación sin computadoras, teléfonos, dispositivos inteligentes o asistentes digitales para el hogar.

También hay algunas maneras prácticas de luchar. En 2019 hubo varias historias que informaban de que los activistas habían encontrado formas de luchar contra la red de vigilancia. En Chile, los activistas apuntaron con láser a los drones que observaban su comportamiento desde el cielo durante las protestas masivas contra el gobierno. Cientos de láseres apuntando directamente al dron causaron su mal funcionamiento y cayeron al suelo con un estruendoso aplauso y aclamaciones de la gente. En Hong Kong, los manifestantes también utilizaron los láseres para luchar contra la vigilancia. Para luchar contra las cámaras de reconocimiento facial, los activistas comenzaron a utilizar láseres de alta potencia dirigidos a las cámaras y a la policía. A medida que el Estado corporativo avance es probable que ellos descubran cómo evitar ser víctima de los simples láseres, por lo que es importante que la gente siempre busque (o produzca) avances en la tecnología que puedan contrarrestar al Estado.

Algunas empresas y diseñadores han comenzado recientemente a anunciar ropa, pintura facial, lentes e incluso ciertos peinados que podrían eludir el reconocimiento facial. En Berlín, el artista Adam Harvey ha lanzado dos proyectos diferentes que buscan superar y confundir los sistemas de reconocimiento facial. Su proyecto *Hyperface* implica imprimir ropa con ojos, boca y otros rasgos faciales en un intento de engañar al programa. Harvey también trabajó en el proyecto *CV Dazzle* que buscaba usar el maquillaje y peinados para interferir con las máquinas. Otros artistas han sugerido que la ropa brillante, resplandeciente y que puede hacer rebotar la luz, así como el camuflaje de estilo militar, podría interrumpir la pesadilla del reconocimiento facial y hacer que usted sea invisible.

Por supuesto, la forma más práctica de proteger su cara es cubrirla. Hay varias opciones disponibles para los interesados, incluyendo máscaras de papel, la conocida máscara de Guy Fawkes ("Anónimo"), y caras impresas en 3D, diseñadas para darle a usted una identidad completamente distinta. Sin embargo, en China el Estado ha hecho ilegales las máscaras y trata de castigar a todo aquel que quiera ocultar su identidad. Esto no ha impedido a los activistas intrépidos a seguir utilizando las máscaras para el rostro, pero de nuevo la cuestión es que, si se quiere proteger su privacidad, es probable que ello implique infringir la ley. Si una ley viola nuestro derecho a la libertad o a la privacidad, entonces la propia ley es injusta y debe ser ignorada. Sin embargo, cabe señalar que, en un mundo lleno de cámaras de reconocimiento facial, alguien con una máscara seguramente destacará y será detectado en pocos momentos. Cuanta menos atención se preste a sí mismo, será mejor.

Buscar y destruir

Antes de seguir adelante, por favor, tenga en cuenta que esta información es para fines educativos y de investigación. Usted es totalmente responsable de sus acciones. Ahora bien, para aquellos que no están satisfechos con simplemente evitar la tecnología invasiva y participar en un juego digital de gato y ratón, la opción *buscar y destruir* podría adaptarse mejor a sus necesidades.

Podemos nombrar de nuevo a Hong Kong para otro ejemplo. En agosto de 2019, los activistas se centraron en las "lámparas inteligentes" que, según el gobierno local, se utilizan para recoger datos sobre el tráfico, el clima y la calidad del aire. Los activistas temían que las farolas inteligentes hubieran sido equipadas con programas de reconocimiento facial, así que ataron cuerdas alrededor de los postes y las tiraron al suelo. Hay alrededor de cincuenta farolas inteligentes instaladas en todo Hong Kong, todas ellas con cámaras y sensores. Estas son el mismo tipo de lámparas inteligentes que se están instalando en las "ciudades inteligentes" en todo el mundo.

De nuevo, reconozco que esto puede sonar extremo para algunos, pero he conocido a una multitud diversa de personas que han expresado que, si la tecnología llega a sus barrios, la *destruirán*. Esto nos lleva al tema del *monkeywrenching* (*ecotaje* o *sabotaje ecológico*). Esta es una forma de acción directa originalmente popularizada por miembros del movimiento ambientalista radical, específicamente *Earth First!* (¡Primero la Tierra!) y el Frente de Liberación de la Tierra (FLT). Dave Foreman, cofundador de *Earth First!*, describió las tácticas de la lucha del *sabotaje ecológico* en su libro *Ecodefensa: Una guía de campo para el sabotaje* (*Ecodefense: A Field Guide to Monkeywrenching*). El libro de Foreman se inspiró en el libro de Edward Abey *La banda de la tenaza* (*The Monkey Wrench Gang*) que cuenta la historia de cuatro individuos que usaron el sabotaje para protestar por el daño ambiental en el suroeste de los Estados Unidos. Entre 1992 y

2007, el Frente de Liberación de la Tierra comenzó a sabotear proyectos de construcción que amenazaban tierras y bosques salvajes. Sus tácticas incluían la plantación de árboles, bloqueos no violentos, desobediencia civil y la interrupción de la maquinaria.

No es necesario estar de acuerdo con la filosofía o incluso con la causa del FLT y *Earth First!* para reconocer que el *sabotaje ecológico* puede aplicarse a una serie de causas diferentes. Yo diría que lo que hicieron los manifestantes de Hong Kong con las lámparas inteligentes involucró acciones que se aplican en *sabotaje ecológico* en defensa de la privacidad y la libertad. Como siempre, usted decide los riesgos contra los beneficios potenciales. Para aquellos que se sienten incómodos con la idea de la destrucción, **recuerden que cada final respira un nuevo comienzo**. Podemos construir un mundo que respete la privacidad y la libertad individual sobre las cenizas de las cámaras de reconocimiento facial del Estado tecnocrático.

Estas son solo unas cuantas sugerencias sobre estrategias y tácticas para mantener cierto nivel de privacidad y libertad. Como Konkin indicó correctamente, la lucha por la privacidad es un "sistema dinámico y en evolución. Es una forma no violenta de una carrera de armamentos donde un lado descifra el código y el otro desarrolla un nuevo sistema para superar el antiguo".

La tecnología digital es una herramienta y como toda herramienta puede ser usada para el bien o para el mal. En las manos de los tecnócratas, la tecnología digital se utiliza para el control, el espionaje, la ingeniería social, la manipulación, la censura y la propaganda. En las manos de la gente libre, la tecnología puede ser usada para curar, dar poder, educar y construir un mundo mejor. Sin embargo, este mundo preferible no sucederá sin un esfuerzo consciente para construirlo.

También necesitamos un sano escepticismo hacia las tecnologías emergentes que se venden como la panacea para confundir a la humanidad. Ya sea que decida quedarse en el lugar y construir en su ciudad o desocupar el Estado y construir en otro lugar, será necesario participar en algún nivel en la comunidad, aunque solo sea para sobrevivir. Nuestra mejor oportunidad de supervivencia es unirnos a otros que elijan abandonar voluntariamente el futuro digital y formar nuevas comunidades que respeten la privacidad y la libertad.

La Comunidad contraeconómica: las células de libertad

A lo largo de su escrito Samuel Konkin se refiere a los beneficios de habitar en una comunidad agorista o contraeconómica. Aunque Konkin nunca completó un esquema detallado de cómo podría funcionar esta comunidad, hace algunas referencias útiles. En el esquema del libro *Contraeconomía*, bajo el título "Capítulo 15: Psicología de la Contraeconomía", Konkin escribió:

Refuerzo mutuo. Más allá de la autosuficiencia y la autoaceptación individual, se desarrollará finalmente el concepto de que los individuos trabajen juntos en la Contraeconomía, desarrollando la confianza y la interdependencia honesta (después de aparecer brevemente en todo el libro). Más allá de las relaciones y grupos de afinidad, llegamos lógicamente a la idea de una subsociedad activa y/o movimiento de contraeconomistas, lo que nos lleva a la Parte 2.

Desafortunadamente, Konkin nunca escribió la parte 2 o elaboró el enfoque de la comunidad. La realidad es que, si usted elige *hacerse responsable* o *salir y construir la comunidad*, será necesario sobrevivir a la tecnocracia. He pasado los últimos años desarrollando el concepto de células de libertad, la cual creo que se adapta perfectamente con la visión contraeconómica. Las células de libertad son grupos de homólogos formados de siete a nueve personas (ocho sería lo ideal) que se organizan de forma descentralizada con la meta colectiva de reivindicar la soberanía de los miembros del grupo mediante la resistencia pacífica y la creación de instituciones alternativas. Las células de libertad (CL) pueden considerarse como un tipo muy específico de grupo de ayuda mutua en el que el agorismo y la Contraeconomía desempeñan un papel decisivo. El nombre viene como respuesta a la propaganda del Estado sobre las "células de terror". Elijo conscientemente recuperar el vocabulario y construir células que difundan la libertad. Además, las CL actúan como células en un cuerpo que efectúan tareas importantes individualmente, y al mismo tiempo también son útiles para lograr los objetivos del organismo principal. Desde este punto de vista, cada CL está jugando un papel esencial en la difusión de la actividad contraeconómica, mientras que también forma parte de la red más grande que promoverá el intercambio de ideas y productos entre las diferentes células.

El número de ocho participantes se extrae de la investigación de Bob Podolsky y su libro *¡Prosperar!: Una alternativa al gobierno y otras jerarquías*. Podolsky es el pupilo del investigador John David García que pasó veinte años investigando cómo maximizar la creatividad de un grupo de personas que trabajan unidas en un proyecto conjunto. Después de realizar cientos de experimentos, propuso un modelo optimizado basado en grupos de ocho, que llamó un octeto u *octólogo*. La idea es que la escasez de individuos dejaría al grupo con una capacidad limitada, pero con mucha gente el grupo tendría problemas con la desorganización y la falta de concentración. Podolsky recomienda formar *octólogos* compuestos por cuatro hombres y cuatro mujeres guiados por principios éticos específicos. Aunque las células de la libertad también se promueven como grupos de ocho individuos que colaboran juntos, se diferencian de los *octólogos* en que están fuertemente enfocados en la descentralización. Mientras que Bob Podolsky ha expuesto una visión detallada de cómo debe operar un *octólogo*, espero proporcionar ejemplos de aplicaciones para las CL, sin decirle a otras CL cómo operar. Las necesidades de cada comunidad serán naturalmente diferentes. Más allá de un acuerdo general de respetar el derecho de los otros a ser libre de coacción, creo que las CL no deben ser monopolizadas por la visión de una sola célula. Advierto al lector que estas ideas son una guía y no la última palabra sobre las posibilidades literalmente ilimitadas.

Al principio, los individuos pueden trabajar juntos para lograr metas, como por ejemplo lograr que cada miembro del grupo tenga tres meses de comida que se pueda almacenar, una comunicación encriptada, un plan de salida rápido (o de *salida y construcción*), y asegurar que los participantes tengan acceso a armas de fuego (o alguna forma de autodefensa) y sepan cómo usarlas con seguridad y habilidad. Mientras tanto, los miembros de la célula se ponen a disposición sin ningún inconveniente para prestar ayuda mutua a su célula en cualquier forma que sea necesaria. Después que usted ha establecido siete o nueve personas dentro de una CL, se debe incentivar a cada individuo a ir por su cuenta y comenzar otra CL, especialmente si los miembros originales no viven próximos unos de otros. Vivir razonablemente cerca uno del otro permitirá un tiempo de respuesta rápida en situaciones de emergencia. Una vez más, cada miembro de las CL debe ser animado a iniciar células adicionales.

Con el tiempo, la célula original estaría conectada a siete o nueve células adicionales a través de miembros individuales para un total de setenta a noventa personas. Imagine la fuerza e influencia que estas células podrían ejercer una vez que se conecten en el mundo digital a través de *Freedom-Cells.org* y en el mundo físico cuando sea posible. La creación de la red de células de libertad también sirve como una red social para viajeros que buscan hacer negocios en la Contraeconomía con otras personas de ideas afines. Mediante la creación y el apoyo de alternativas como las redes de alimentación locales, los servicios de salud, los grupos de defensa mutua y las economías y redes de comunicación entre homólogos, las CL podrán desconectarse y desvincularse mejor del Estado tecnocrático. Una vez que los grupos son lo suficientemente grandes en número, es muy posible que los participantes elijan la exclusión voluntaria en masa y se aseguren su libertad.

Este es el modelo que seguimos dentro de la comunidad de activistas de los Librepensadores de Houston y del espacio comunitario de la Casa del Librepensador. Comenzamos construyendo jardines y vendiendo los cultivos a través de la comunidad de *Nextdoor*. También vendimos jugo y té de kombucha hecho con frutas cosechadas de árboles de vecinos que entendían nuestros objetivos. Comenzamos con un pequeño grupo de tres o cuatro personas que se reunían y discutían los propósitos y temas de nuestra célula. El objetivo es que las habilidades y los conocimientos se difundan en todo el grupo. De esta manera, si una persona deja el grupo, el conocimiento no se extrae de la célula. Por ejemplo, saber que cada miembro de la célula puede realizar la reanimación cardiopulmonar, utilizar comunicaciones cifradas, disparar un arma o comunicar el mensaje de la Contraeconomía puede ser importante para su célula. Obviamente, ciertos individuos tendrán más habilidad o conocimiento en algunas áreas, pero existen habilidades e información fundamentales que deberían ser comunes entre todos los miembros de la célula.

Nuestro grupo también usó la estructura para educar a los demás en temas específicos de interés. Tal vez su CL se reúna y acuerde aprender todo lo disponible sobre permacultura o un concepto filosófico particular. Entonces usted puede elegir dividir el tema entre su célula y regresar dos semanas más tarde para educar a los otros. Tal vez su célula se una a la aplicación *Cell411* y responda a las alertas de emergencia en su comunidad. Varias células podrían unirse para vigilar a la policía o resistir activamente y desarmar a la policía violenta u otros agentes del Estado. Una célula de libertad podría conectarse con otras células para el funcionamiento de agricultura de guerrilla organizada de manera encubierta. Con el constante aluvión de noticias falsas provenientes de los medios de comunicación de las instituciones, una CL podría investigar y desprestigiar rápidamente la nueva propaganda. Las CL pueden organizar redes de intercambio alternativo que motiven a los artesanos y empresarios locales a vender sus artesanías no reguladas y a aceptar monedas alternativas. En un escenario de "inconvenientes", las CL podrían haber acordado previamente lugares de supervivencia con suministros. Si varias CL estuviesen igualmente preparadas, ahora usted se encuentra en una pequeña comunidad de individuos poderosos, en lugar de estar obligado a defenderse solo.

Cuando se trata de lidiar con la tecnocracia, los miembros de la CL pueden comprometerse a limitar la cantidad de información que se comunica a través de la tecnología digital, guardando las conversaciones importantes para las confrontaciones. Además, los miembros pueden compartir consejos para evadir los ojos vigilantes del Estado. Sin embargo, el valor real de usar las células de libertad para construir la comunidad contraeconómica es la fuerza en números. Si su decisión de no adoptar la biométrica obligatoria o el crédito social pasa de ser mal vista a ser ilegal, se enfrentará a un castigo por elegir no participar. Como señalamos anteriormente, la finalidad de los planes de crédito social es manipular socialmente a la sociedad para que sea ciega, tonta y seguidora obediente de la tecnocracia. El Estado va a usar la tecnocracia para promover la idea de que cualquiera que escoja la exclusión voluntaria representa el problema. Incluso el individualista más estridente encontrará difícil sobrevivir "fuera de la red", una vez que la tecnocracia se complete. Por supuesto, el puntaje de crédito social también desalentará a los amigos y familiares de asociarse con aquellos que han sido puestos en la lista negra.

La solución es colaborar con otras personas y familias que decidan no someterse. Las razones para la exclusión voluntaria cambiarán de una persona a otra: algunos pueden optar por no participar para evitar las vacunas obligatorias, otros para practicar sus creencias religiosas en paz, mientras que otros se saldrán para proteger la privacidad de su futura descendencia. Francamente, si la elección es la obediencia obligatoria a la red inteligente o una vida "fuera" de la sociedad dominante, se necesitará un esfuerzo coordinado de muchos individuos decididos para crear un mundo de comunidades interconectadas donde los individuos puedan prosperar, sacar adelante a sus familias, realizar negocios y comerciar mientras siguen viviendo libres. Creo que el concepto de la CL puede ayudar a aquellos de nosotros que haremos cualquier cosa para ser libres de la red de la tecnocracia.

En conclusión, ofrezco estos "12 consejos para construir células de libertad" como punto de partida para lanzar su grupo. Por favor, adáptelos a las necesidades específicas de su comunidad:

1. Entienda su motivación. Encuentro valioso para cada persona que considere iniciar una célula, círculo o centro, saber por qué están persiguiendo tal objetivo. ¿Cuáles son sus motivaciones e intereses? Saber esto antes de empezar un grupo le ahorrará tiempo. Encontrar maneras de salir voluntariamente de la tecnocracia es un objetivo obvio, pero ¿qué más le impulsa?

2. Identifique candidatos potenciales. ¿Son mentalmente, físicamente y espiritualmente adecuados para sus objetivos?

3. Discuta temas comunes. ¿Cuáles son las fuerzas impulsoras que unifican al grupo?

4. Identifique las fortalezas y debilidades. Mire honestamente las fortalezas y debilidades de cada individuo, así como del grupo en su conjunto.

5. Evalúe el nivel deseado de libertad contra la seguridad. Cada individuo puede tener un nivel deseado de libertad diferente y como tal, tendrá diferentes objetivos y aceptación de riesgos. Cuando se trata de la tecnocracia es especialmente importante recordar esto. ¿Qué tan libre usted quiere ser realmente? ¿Cuánta privacidad quiere mantener? ¿Qué hará para alcanzar tal propósito?

6. Establezca metas a corto y largo plazo. ¿Qué puede lograr su célula en tres meses? ¿Seis meses? ¿Un año? Establezca metas como un grupo de tal forma que los miembros se responsabilicen mutuamente.

7. Entrene la consciencia. Incorpore prácticas como el entrenamiento de la comunicación no violenta y la meditación grupal en su célula.

8. Cumpla con los objetivos. Documente cada objetivo cumplido con éxito por la célula o los miembros individuales.

9. Asegure la continuidad de la educación grupal y la comunicación. Expanda continuamente el conocimiento, las habilidades y los suministros de su célula.

10. Promueva y mercadee las metas y los logros. Use el poder de los medios sociales (cuando sea seguro) y el marketing para que el mundo

sepa su nivel de prosperidad dentro de la Contraeconomía.

11. Identifique estrategias para crear ingresos/independencia. Aproveche el poder y el número de su célula para crear ingresos contraeconómicos que no pueden ser gravados por el Estado.

12. Establezca redes con otras células. La clave para la exclusión voluntaria del Estado tecnocrático es la construcción de la comunidad contraeconómica. Esto significa que no se trata solo de su comunidad inmediata de aliados, sino que involucra la red más grande de células en su ciudad, estado, provincia o nación y la comunidad global. Depende de usted hacer un esfuerzo para establecer una red con otros activistas y librepensadores.

El ferrocarril subterráneo contraeconómico

Durante los últimos dos años, me he centrado en desarrollar soluciones potenciales para liberar los corazones y las mentes del control de la tecnocracia. He llegado a la conclusión de que cualquiera que sea el camino que usted elija, es necesario tomar las precauciones adecuadas y elaborar planes de emergencia. El cliché de *esperar lo mejor, prepararse para lo peor* se aplica aquí. Aunque he ofrecido sugerencias a aquellos que elijan *hacerse responsable*, es imprescindible que algunos individuos escojan *salir y construir* en caso de que el "fuerte" se derrumbe. Estas personas con visión progresista pueden decidir trasladarse de las grandes ciudades a las zonas rurales con prácticas menos invasivas o mudarse a una región cercana con relativamente más libertad y privacidad. El objetivo es establecer una red de comunidades libres que puedan servir de puerto seguro a los refugiados del Estado tecnocrático. Esto es lo que llamo el "ferrocarril subterráneo contraeconómico", o simplemente el ferrocarril subterráneo.

Este ferrocarril subterráneo contraeconómico toma como modelo el "ferrocarril subterráneo" original de la era colonial americana. A finales del siglo XVIII, los antiguos esclavos, los abolicionistas y los civiles simpatizantes formaron una red descentralizada de refugios que permitía a los esclavos escapar del cautiverio. La mayoría de los esclavos liberados se dirigieron al norte, al Canadá, pero también había refugios que ayudaban a la gente a escapar al sur, a México. Se ha estimado que hasta 1000 esclavos escaparon por año entre 1850 y 1860. El ferrocarril subterráneo era intrínsecamente contraeconómico porque, en virtud de la Ley de Esclavos Fugitivos de 1793, los organismos de seguridad en los Estados libres debían ayudar a los dueños de esclavos a volver a capturar a los esclavos prófugos. Afortunadamente, muchos funcionarios tuvieron el buen juicio de ignorar la ley injusta y ayudar a los antiguos esclavos a abrirse camino hacia la libertad. Esta fue una decisión consciente de violar las exigencias del Estado y el comercializar el riesgo por un beneficio percibido.

En las notas de sus capítulos inacabados la *Contraeconomía de contrabando* y la *Contraeconomía humana*, SEK3 menciona el ferrocarril subterráneo como un ejemplo de contrabando de personas. En la *Contraeconomía de contrabando* escribe: "Se introduce el 'contrabando de personas', para ser usado en el capítulo de la 'Contraeconomía humana', **con el ferrocarril subterráneo del período de la Guerra Civil"**.

Es importante señalar que hay una diferencia entre el contrabando de una persona voluntariamente y la trata involuntaria de personas realizada bajo la amenaza de la violencia.

El contrabando consiste normalmente en elegir transportar mercancías que el Estado considera ilegales o en evitar los impuestos sobre el transporte de dichas mercancías. El contrabando de personas o de seres humanos consiste en que una persona le paga a otra para entrar ilegalmente a un país a través de las fronteras internacionales. Si bien el contrabando involucra por lo general alguna forma de acuerdo contractual que termina al llegar al destino, la trata de personas conlleva el uso de la fuerza, el secuestro, el fraude o la coacción. Esto se utiliza a menudo para fomentar el trabajo forzado o la explotación sexual. Dicho de manera simple, el contrabando se convierte en trata cuando se introduce el elemento de fuerza o coacción. Según la teoría contraeconómica de Konkin, el contrabando de seres humanos es legítimo porque no implica la puesta en marcha de la violencia o la coacción. En la *Contraeconomía humana*, SEK3 proporciona su visión un poco más detallada:

Los esclavos del ferrocarril subterráneo se movían hacia la Contraeconomía, sus variantes están todavía en uso; los refugiados están incluidos en la Contraeconomía al liberar a las personas de la inmensa tiranía, **los grupos minoritarios están incluidos aquí primero, la forma en que sobreviven en las sociedades hostiles, y las subsociedades que forman, son generalmente en su mayoría contraeconómicas...**

Aunque no contamos con el trabajo terminado, es interesante que Konkin mencione los grupos minoritarios y "la forma en que sobreviven en las sociedades hostiles, y las subsociedades que forman". En la era del Estado tecnocrático, quienes escojan la exclusión voluntaria serán los grupos minoritarios que sobrevivan en sociedades hostiles. Las subsociedades que formamos podrían ser las comunidades libres que mantienen la llama de la libertad ardiendo en el futuro. Imagine la red de células de libertad expandiéndose tanto a entornos urbanos como rurales en todo el mundo. Los que se quedan en las ciudades hacen lo que pueden para combatir la tecnocracia y educar a otros sobre los peligros. Aquellos que salen deben construir comunidades que opten por no utilizar los diferentes niveles de tecnología invasiva (según sus preferencias) y también deben educar a los otros sobre los beneficios de la desconexión. Las dos estrategias trabajan juntas para sacar el mayor número posible de mentes pertenecientes a la matriz tecnocrática.

Independientemente de si usted ve el valor de la teoría contraeconómica, existen lecciones prácticas que se pueden aprender del ferrocarril subterráneo. Los individuos que eligieron abrir sus hogares a los esclavos fugitivos tomaron la decisión consciente de arriesgarse a ser arrestados y encarcelados para poder ayudar a un ser humano. La policía y los funcionarios del gobierno que desobedecieron al Estado se unieron a la Contraeconomía cuando se dieron cuenta de que hacer lo correcto era más importante que hacer lo legal. Los aliados que permitieron la entrada clandestina de antiguos esclavos a través de las fronteras internacionales también arriesgaron su libertad por una causa justa. Estas son las mismas decisiones que creo que muchos de nosotros enfrentaremos en los próximos años a medida que el Estado tecnocrático continúe creciendo.

Los individuos que eligen *salir y construir* ahora pueden comprar tierras, construir viviendas y sentar las bases de una sociedad más libre. Si bien esto servirá inicialmente para proveer a sus propias familias, si ocurre un inconveniente, el ferrocarril subterráneo ayudará a los esclavos de la tecnocracia a escapar a estas comunidades. Este es el papel que elijo tomar. No creo que mi lugar de nacimiento (los Estados Unidos) pueda ser salvado. No creo que esto signifique abandonar el barco o perder la esperanza, sino que, al contrario, estoy eligiendo conscientemente construir el futuro que deseo con el entendimiento de que otros pueden necesitar ayuda en un futuro próximo. Creo que, al salir de la ciudad, trasladarme a una región menos invasiva del mundo y construir en un terreno, encontraré mi paz interior y tendré la oportunidad de ayudar a los demás. Puede que este no sea el papel particular que usted elija, pero hay otras formas en las que cada uno de nosotros podemos ayudar.

Como en el ferrocarril subterráneo original, necesitaremos individuos simpatizantes dentro de la sociedad hostil que estén dispuestos a albergar y transportar a aquellos que buscan seguridad. Necesitaremos empleados de bajo nivel del Estado dispuestos a aceptar un soborno o simplemente hacer la vista gorda al ferrocarril subterráneo contraeconómico. Necesitaremos hackers de "sombrero blanco" dispuestos a crear herramientas tecnológicas para combatir los ojos y oídos omnipresentes de la red inteligente. Necesitaremos individuos que dejen atrás la comodidad para desarrollar la red de comunidades libres que pronto podrían albergar a los refugiados de la tecnocracia. Finalmente, necesitaremos organizadores que puedan ayudar a conectar a cada uno de estos individuos de la manera más descentralizada posible.

No pretendo saber exactamente cómo se desarrollará este ferrocarril subterráneo contraeconómico. Lo único que sé es que debe desarrollarse lo antes posible. Si elegimos quedarnos de brazos cruzados mientras surge el Estado tecnocrático, estamos abandonando a las futuras generaciones de nuestra familia humana. Si usted está leyendo estas palabras, tiene la oportunidad de ser parte de la solución. La única manera de superar la distopía digital es dejar de lado las pequeñas diferencias y construir el mundo que sabemos que es posible.

Reflexiones finales sobre la supervivencia
de la distopía digital

A finales de 2009 empecé a cuestionar el mundo que me rodeaba y a preguntarme quién estaba al control de todo. Consumí todo el material que pude encontrar sobre la historia del gobierno, los bancos, la clase dirigente y el poder. Por un momento estuve convencido de que se avecinaba el fin del mundo, un colapso del gobierno, un estado policial, o algo así. Con el tiempo, mis temores se desvanecieron a medida que echaba una mirada más razonada al mundo que me rodeaba y también tomaba nota de los muchos avances positivos que se desarrollaban en ese mundo. Desafortunadamente, mientras escribo estas palabras mis temores de una fatalidad inminente han regresado. Ahora solo veo la amenaza inminente que proviene de lo que llamo el Estado tecnocrático.

Este Estado es diferente a cualquier otro previamente visto en la historia de la humanidad. Existe una clase gobernante elitista y totalitaria conformada por los tecnócratas y científicos dementes combinados con la tecnología digital que no estaba disponible en los anteriores regímenes totalitarios. Esto no es un buen presagio para el futuro de la libertad de todas las personas. La concepción moderna de la libertad tiene apenas trescientos años y parece que la humanidad puede experimentar dificultades para mantener y expandir este principio tan necesario. Aparentemente, la humanidad aún está decidiendo si conceptos como la privacidad y la libertad continuarán prosperando.

¿Se expandirá la libertad a todos los pueblos de la Tierra o los tiranos seguirán reinando? No pretendo saber exactamente cómo será el futuro, pero sé que el resultado será determinado por aquellos que decidan dar un paso adelante y tomar medidas. La dirección dependerá de los valores y los principios de aquellos que se comprometan y busquen soluciones. Los que se mantengan al margen serán simplemente engranajes de la máquina de otro. El tiempo de la pasividad ha llegado a su fin. Si usted no quiere perder la privacidad y con el tiempo toda la libertad, debe actuar para protegerte a sí mismo y a sus seres queridos.

La tecnocracia está emergiendo y cada día se hace más evidente que las

masas tragarán el veneno sin dudarlo. La exclusión voluntaria de las co-
modidades y placeres de la red inteligente no será una elección habitual.
Decir no a los sistemas biométricos obligatorios implicará cierto nivel de
riesgo. Sin embargo, puede que pronto sea necesario tomar estas decisiones para preservar su privacidad y libertad. He intentado exponer por qué
creo que la teoría de Samuel E. Konkin de la Contraeconomía puede ser
aplicada a la batalla contra el estado de vigilancia totalitaria. La Contraeconomía provee una base filosófica al simple acto de decir "no" a las reglas
inmorales o injustas del Estado y hacer lo que se debe hacer para progresar.

Los hechos están ahí: cuando el Estado avanza para prohibir una actividad o una sustancia, ellos crean una Contraeconomía de personas que
voluntariamente elegirán violar las exigencias del Estado y hacer lo que
crean necesario para sobrevivir y prosperar. Esta Contraeconomía es una
de las mayores economías del mundo y ninguna de ellas está controlada
por una autoridad centralizada. El poder de la Contraeconomía radica en
reconocer el potencial de una exclusión voluntaria masiva de los sistemas
que no se adaptan a nuestros valores y que son, por naturaleza, inmorales. Al igual que en el ferrocarril subterráneo original, estoy pidiendo la
creación de refugios, el transporte de refugiados, y la objeción consciente
a las leyes que tratan de criminalizar a los que ayudan a los fugitivos. Los
"conductores" del ferrocarril subterráneo original hicieron lo que sabían
que era correcto porque esto importaba más que seguir ciegamente palabras escritas en pedazos de papel.

Deberíamos inspirarnos en este ejemplo de actividad contraeconómica
y optar por no participar conscientemente en la red de control tecnocrática. Si formamos células de la libertad que promuevan la actividad contraeconómica y fomenten el escepticismo hacia la tecnocracia, podríamos
tener la oportunidad de formar una sociedad competitiva de comunidades
libres que decidan rechazar los diferentes niveles de tecnología digital invasiva. No podemos enfrentar esta monumental tarea solos. Es de extrema
importancia que encontremos la manera de formar alianzas y coaliciones
con el interés de salvar nuestra libertad colectiva.

Creo que la exclusión voluntaria del Estado tecnocrático debería ir de la
mano con la exclusión voluntaria del complejo militar-industrial, el sistema bancario central, el sistema escolar, el complejo mediático corporativo
y el complejo farmacéutico. Esto no será fácil o incluso posible para todas
las personas en todas las situaciones. Haga lo que pueda, donde pueda.

Vuelva a consultar la sección de agorismo vertical y horizontal cuando necesite ideas para la exclusión voluntaria de una amplia gama de instituciones y organizaciones que no representan sus intereses. También recomiendo pasar un tiempo repasando mis explicaciones sobre las estrategias de *hacerse responsable* y *salir y construir* para ver a donde usted crea que lo puede llevar su camino.

En última instancia depende de cada individuo decidir su futuro y la totalidad de nuestras elecciones establecerá la ruta para toda la humanidad. He intentado comprender cómo motivar a otros a pasar a la acción y he descubierto que dar el ejemplo es la mejor manera de inspirar a los demás. No todos necesitamos tomar exactamente el mismo camino para lograr el éxito. De hecho, cuanto más diverso sea el campo de los individuos que emplean la ética contraeconómica, mejor estaremos. Cada uno de nosotros será inspirado y motivado por diferentes estímulos y cada uno alcanzará e inspirará a diferentes personas.

No solo estamos todos motivados de manera diferente, sino que nuestros hábitos y estilos de vida también determinarán nuestra capacidad para liberarnos del Estado tecnocrático. El nivel de privacidad y libertad que usted mantenga en los próximos años se decidirá por su voluntad de cambiar, adaptar y abandonar los hábitos que debilitan su capacidad de ser libre de los sistemas de opresión. Esta lucha entre lo que usted quiere (libertad) y sus acciones (una variable que depende de usted) decide si sus deseos se convertirán en realidad o seguirán siendo una fantasía.

Nivel de libertad deseado + Disposición al cambio = Su experiencia real de libertad

Yo llamo a esto la fórmula de la libertad, una simple ecuación en la que su nivel de libertad deseado más su disposición de cambiar y adaptarse es igual a su experiencia de libertad y privacidad. Para determinar el mejor camino para usted mismo, es importante entender cuáles son sus metas y cómo es su visión ideal de libertad y privacidad. Esta es la primera parte de la fórmula. Solo después de que identifique claramente lo que quiere y lo que no quiere puede comenzar a preguntarse qué está dispuesto a hacer para lograr este objetivo. Mientras que algunos podrían llamar a esto un sacrificio, la realidad es que hace tiempo que hemos estado cambiando nuestra invaluable privacidad y libertad por conveniencia y placer. ¿Valora más la conveniencia de saltarse la fila en el aeropuerto a cambio de su huella facial más de lo que valora la privacidad? ¿Vale la pena perder la privacidad solo para poder descargar las últimas aplicaciones y tendencias?

Mientras imagina las respuestas a estas preguntas, le pido humildemente que se tome un momento para considerar las consecuencias de la apatía y la complacencia. Las generaciones futuras nunca han dependido tanto de los que viven hoy en día para corregir el curso de la humanidad. Hemos llegado al punto en que los niños crecen sin ningún sentido de un mundo sin internet, sin teléfonos inteligentes y sin una red inteligente. Estas generaciones probablemente carecerán de una verdadera comprensión del valor y la importancia de la privacidad porque están siendo criados en una cultura y en un tiempo donde la privacidad no es una preocupación. A medida que la inteligencia artificial mejora, la red inteligente 5G se pone en marcha, y el internet de las cosas aparece repentinamente, vamos a enfrentarnos a decisiones difíciles en cuanto a la privacidad. Si elegimos ser los que planificaron con antelación, los que optaron por la exclusión voluntaria y formaron comunidades libres, podemos dejar a las generaciones futuras un mundo que respete los principios de libertad y privacidad. Aunque últimamente me falta optimismo, creo que todavía hay tiempo para sentar las bases del ferrocarril subterráneo contraeconómico y construir un mundo mejor que sabemos que es posible.

PARTE 3

CONTRAECONOMÍA, DE LOS CALLEJONES A LAS ESTRELLAS POR SAMUEL E. KONKIN III

Introducción por Derrick Broze

Samuel E. Konkin III comenzó a desarrollar su filosofía del agorismo y la estrategia de la Contraeconomía a principios de los setenta antes de escribir la obra trascendental *Manifiesto neolibertario*. El libro expuso la plataforma anarquista del mercado negro con todos sus magníficos detalles. El segundo libro de Konkin titulado *Manual agorista*, fue publicado después de su muerte en 2004. El trabajo esclareció aún más el camino hacia lo que Konkin llamó *neolibertarismo o agorismo*. Antes de su muerte Konkin tenía la intención de publicar otro libro conocido como *La Contraeconomía*. Konkin imaginó el libro como un tomo académico que rivalizaría con el *Manifiesto comunista* de Marx.

Desafortunadamente, el libro nunca se completó y la visión de Konkin para el lanzamiento no se realizó. Gracias al amigo de Konkin, Víctor Koman, lo que subsiste del libro ha sido lanzado al público en formato digital. Después de escuchar que se publicaría un libro inacabado e inédito de Konkin, decidí que "terminaría" el trabajo como una especie de *agradecimiento* al agorista original por su esfuerzo al demostrar la eficacia de la economía que existe fuera del dominio tiránico del Estado. Al leer los seis capítulos completos y el esquema de todo el libro, me alegré mucho de la posibilidad de dar vida al libro.

Sin embargo, el libro que tiene en sus manos no tiene la misma visión que Konkin describió. No sé si soy capaz de crear un libro que satisfaga el ambicioso plan de Konkin. En lugar de intentar recrear la *Contraeconomía* como la describió Konkin, decidí tomar el trabajo final de Konkin y actualizarlo para hacerlo relevante para el siglo XXI y más allá. Creo que los ensayos de Konkin y los contenidos de mi inspiración que añado son una información clave para cualquier individuo o comunidad interesados en participar en la actividad contraeconómica como una forma de crear más libertad en sus vidas. Doy todo el crédito a Samuel E. Konkin por establecer los cimientos sobre los que yo y muchos otros contraeconomistas construimos.

He incluido la introducción original de Konkin y los capítulos terminados, así como sus notas personales para los capítulos no escritos. Los siguientes capítulos constituyen seis de los diez que SEK3 escribió antes de morir. Los otros cuatro no han sido localizados en enero de 2020. Los presento a usted tal como fueron escritos por Konkin y editados por Victor Koman. En conjunto, estos capítulos ilustran una gran cantidad de pruebas de las teorías de Konkin sobre el poder de la Contraeconomía. Al leer esta evidencia el lector debería hacerse la siguiente pregunta obvia: *¿qué hacemos al respecto?*

Konkin sostuvo que todo lo que se necesitaba era elevar la conciencia de la persona promedio para reconocer las oportunidades que se aguardan dentro de la Contraeconomía no gravada y no regulada. Si un colectivo de individuos coherentes y con principios resistiera la extorsión del Estado y trasladara su energía a la Contraeconomía, el Estado se volvería impotente. Desde el decenio de 1980 hasta su muerte en 2004, Konkin reconoció algunas de las primeras pruebas del éxito de la Contraeconomía. A medida que avanzamos en la década de 2020 la evidencia es aún mayor de lo que Konkin pudo haber imaginado. Sin embargo, una vez más nos enfrentamos a la pregunta: *¿qué hacemos al respecto?*

¿Tomamos las pruebas que tenemos ante nosotros y las utilizamos para informar de nuestras acciones como cualquier persona razonable podría hacerlo? ¿O ignoramos la solución obvia a favor de continuar formando parte del juego político de "divide y vencerás"? La elección les corresponde, amigos míos.

— Derrick Broze

Antecedentes de Victor Koman

(La siguiente nota fue escrita por el premiado autor y doctor Victor Koman. Fue publicada originalmente como el epílogo de la edición ePub de la obra *Contraeconomía: de los callejones a las estrellas*, la inspiración para el libro *Cómo salir voluntariamente del Estado tecnocrático*).

El autor del libro *Contraeconomía*, Samuel Edward Konkin III, falleció el 23 de febrero de 2004 a la edad de 56 años. Dejó su manuscrito original conmigo con la esperanza de que un individuo que ha sido tres veces ganador del Premio Prometeo y editor (KoPubCo Books) llevara el libro a su publicación, como lo hice con el *Manifiesto neolibertario* de Konkin (KoPubCo, 1983 y 2006) y el libro introductorio publicado póstumamente, *Manual agorista* (KoPubCo, 2008). Este último manuscrito solo requirió una ligera actualización, lo que permitió que se publicara con bastante rapidez (según los estándares libertarios) después de su muerte.

La *Contraeconomía*, por otro lado, resultó ser un desafío mayor. El manuscrito, escrito alrededor de 1984-85, solo estaba integrado por los seis primeros capítulos de los veinte de su esquema (aunque se rumora que existen cuatro capítulos más en algún lugar en forma digital, pero aún no se han encontrado). Además, las extensas citas de las noticias contemporáneas y las fuentes de las revistas constituyeron una parte significativa del manuscrito. Debido a que estas referencias están ahora anticuadas (por ejemplo, la economía subterránea de la Unión Soviética le proporcionó voluminosas ilustraciones de la economía estatista que ha fracasado totalmente y el caso de Venezuela, el mejor ejemplo actual de los horrores del socialismo, aún no había comenzado su colapso) terminar el libro habría requerido una profunda reutilización de la Contraeconomía en un mundo que transcurre un tercio de siglo alejado del manuscrito original.

El mundo ha cambiado significativamente desde 1985 (bajo la condición *ya no es lo mismo*). Cabe nombrar diversos sucesos como: el colapso de la Unión Soviética, debido en gran parte a la Contraeconomía; el aumento del terrorismo islámico; el retorno a una economía de instituciones basada en la guerra (o, por lo menos, que se acomode a la guerra); la legalización dispersa (pero no la despenalización) de la marihuana; la privatización (aunque sea escasa) de los viajes espaciales; la explosión de la capacidad de cifrado de las computadoras y el ingenio de los hackers; el auge de la moneda digital como el Bitcoin; la omnipresencia de los sistemas de vigilancia; el abandono de cualquier vestigio de apoyo a la libertad por parte de las élites de los partidos políticos, los consejos de administración y los gobiernos de los Estados Unidos en todo el mundo. Todos estos acontecimientos solo han servido para aumentar, no para disminuir, el tamaño y el alcance de la Contraeconomía.

Al releer los capítulos de esta edición, encontré ecos del pasado que resuenan en el presente, resulta que, aunque las referencias son anticuadas, los principios que forman la base de la Contraeconomía son consistentes y oportunos, y usted verá cómo se aplican a los eventos actuales y cómo pueden resolver las controversias de hoy y guiar las elecciones de mañana en su propia vida y en la sociedad en general.

Escanear el manuscrito fue un esfuerzo inmensamente frustrante (a mediados de los noventa, usando la aplicación *OmniPage* con un escáner primitivo). La vieja máquina de escribir *IBM Executive* de Sam con espaciado proporcional tenía una tecla "t" movible que producía un error de ortografía de reconocimiento óptico de caracteres en casi todas las palabras que contenían esa letra, así como un error de espaciado en casi todas las palabras con una "o". Pasé horas y horas (tantas como pude) durante los años siguientes corrigiendo errores y haciendo que las notas finales de Sam fueran coherentes con las normas de la 6ª edición de la APA.

Debido a que la propuesta del libro ya había pasado por varios editores y había sido rechazada, Sam nunca sintió que valiera la pena poner más esfuerzo en una reescritura. Cuando Sam me dio el manuscrito (probablemente en 1993 o algo así), dudó de su comerciabilidad casi una década después de su escritura, pero le dije que yo podría hacer algo con él y me dio su permiso para hacerlo.

Sabía, sin embargo, que no sería capaz de completar el libro por mi cuenta en los años 90 sin algún apoyo académico. Durante los siguientes veinte años, completé cuatro títulos universitarios, desde un Grado de Asociado de Artes, pasando por una Licenciatura en Sistemas de Información y un Máster en Administración de Empresas, hasta un Doctorado en Informática, especializado en Seguridad y Protección de la Información. También publiqué los mencionados libros de SEK3 y volví a publicar algunos de los míos a través de KoPubCo. Todo eso mientras trabajaba a tiempo completo en mi labor de desarrollo de aplicaciones web, entre 1996 y 2014. Finalmente, me sentí listo para completar la obra maestra de Sam con el estudio y la consistencia ideológica que merecía.

Sin embargo… a petición de J. Neil Schulman, otro autor premiado, intenté encontrar alguna referencia de Sam para el manuscrito de la *Contraeconomía* en mis registros de correo electrónico de los años 90. Buscando un archivo de texto de 32 Mb (¡guardado cuando un megabyte era un megabyte!), encontré varios. Y en ellos, descubrí algo que había olvidado durante décadas. En un correo electrónico, con fecha del 28 de noviembre de 1999, Sam escribió:

Aunque mi libro "inédito", *Contraeconomía*, solo fue escrito a medias antes de que dejara de intentar encontrar un editor de Nueva York a principios de los ochenta (la mejor respuesta fue la de alguien que dijo: "Este es un ejemplo de la escritura más inmoral del Movimiento Libertario…" ¡sí!), tengo unos diez capítulos que podría reescribir y poner en la web.

En una publicación a la Lista Libertario de la Izquierda, fechado el 26 de enero de 2001, Sam escribió:

… Mencioné antes… que había escrito diez capítulos de un libro llamado *Contraeconomía* a principios de los años ochenta que fue rechazado por una docena de editoriales dominantes de New York, dos de ellos citaron las ideas "extremistas" como la razón, los otros editores fueron menos honestos. Cada capítulo describía un área particular de la Contraeconomía con el efecto de construir capítulo por capítulo hasta que el lector se diese cuenta de que cubre toda la acción humana.

Aparentemente Victor Koman escaneó y realizó el reconocimiento óptico de caracteres de las páginas del manuscrito y en la Navidad de este año me las regaló. Si sigo recibiendo apoyo... las pondré en línea...

El resultado de esto es que me había olvidado por completo de este intercambio con Sam.

Todos estos años, he estado guardando el manuscrito con la esperanza de completarlo con las habilidades de investigación y escritura de un académico, porque quería proteger la integridad del trabajo, solo para (re)descubrir que Sam había estado listo para publicar el manuscrito tal como estaba, hace tiempo durante el milenio anterior...

Así que aquí está, la *Contraeconomía* incompleta. No tengo ni idea de dónde pueden estar los cuatro capítulos perdidos, pero reeditaré el libro electrónico con ellos cuando estén disponibles. Los únicos cambios que hice en el manuscrito fueron la corrección de algunos errores tipográficos, la reformulación de una o dos frases poco claras y el ya mencionado formato APA de la nota final del capítulo. Poco después de la publicación de este libro electrónico, KoPubCo pondrá a disposición un PDF gratuito de las páginas reales del manuscrito, junto con material adicional como por ejemplo páginas escaneadas de los artículos reales de SEK3 a los que se hace referencia en este libro. Sin embargo, lo que usted tiene en sus manos ahora es la más pura síntesis de la Contraeconomía y el proto-agorismo, presentada por el genio Samuel Edward Konkin III, que fue más allá de Von Mises y más allá de Rothbard para proporcionarle el conocimiento, la estrategia y las tácticas para liberarse a sí mismo, y a la sociedad también.

—VK

Introducción por Samuel Edward Konkin III

•Está usted leyendo un libro de autoayuda, un manual de liberación personal, un consejo financiero, un texto de economía esotérica, una plataforma antipolítica, una historia de escándalos, un informe sensacional de la vida clandestina, o una guía básica anarquista? La respuesta es *todo lo anterior*.

Esto puede sonar confuso, pero el propósito principal de este escrito es extraer la unificación de estos temas generalmente desconectados en la mayoría de las mentes hoy en día. Espero que realmente divierta y emocione al lector sobre otra forma de vida accesible, que proporcione una nueva explicación a algunos de los problemas que aquejan nuestra vida social, y que quizás resuelva algunos. A lo largo del camino, se pueden quitar algunas cargas adicionales de las espaldas de muchos de los oprimidos, especialmente aquellos que han elegido luchar. Sobre todo, se espera que algunos de ustedes se sientan movidos a actuar, en su propio nombre.

Ahí es donde se comienza... con lo personal. Si el individuo tiene derechos y elige ejercerlos ante una oposición organizada e institucionalizada, comienza la Contraeconomía. No es necesario ser anarquista o incluso muy libertario para formar parte de la Contraeconomía, y la mayoría hasta la fecha no lo ha sido. Sin embargo, si un socialista o fascista o incluso alguien que carece de ideología o pensamiento aprende y aplica actividades contraeconómicas, ha sido, en mi opinión, el más puro y avanzado libertario.

Para ello, he dejado deliberadamente las implicaciones filosóficas de la Contraeconomía al final del libro. Y para asegurarme de que usted ha encontrado el tema lo suficientemente emocionante como para sumergirse en una teoría más profunda, he puesto la economía cerca del final.

Esto no tiene por objeto atraer a los resistentes o atrapar a los incautos. Este libro no es ni un tratado ni un manifiesto, el autor los tiene disponibles en otros lugares. La obra la *Contraeconomía* tiene como objetivo hacer la Contraeconomía tan accesible a tantos como sea posible.

Entonces, de forma directa, dejando las cosas profundas en el fondo, en esto consiste la Contraeconomía. La economía es el estudio y la práctica de la acción humana que implica el intercambio voluntario. La "economía" de las instituciones es la presentación de las explicaciones de la acción humana de tal manera que beneficie a la institución o segmento gobernante de la sociedad. La primera es un intento de la ciencia, la segunda es la industria de la estafa. La *economía de la contrainstitución* es el estudio y la práctica de aquella parte de la acción humana comprometida a pesar de la legitimidad oficial (legislación gubernamental) en sentido contrario.

Dado que la *cultura de la contrainstitución* resultó ser poco manejable en la década de los sesenta y se redujo a la *contracultura*, aunque no sin la posterior distorsión de sus objetivos, la economía de la contrainstitución se reducirá a la Contraeconomía. Para evitar la tergiversación, lo que yo denomino la Contraeconomía se capitalizará de forma consistente y se definirá de esta manera:

La Contraeconomía es teoría y práctica de toda acción humana que no es aceptada por el Estado y no está involucrada en ningún tipo de violencia iniciática o amenaza de violencia.

Si esta formulación parece un poco arcana, se requiere explícitamente que se excluya el asesinato y el robo de la Contraeconomía. Los gobiernos tienen un cuasi monopolio en el asesinato (guerra) y el robo (impuestos e inflación) y podemos dejar las pocas estadísticas independientes fuera para darnos una distinción clara y precisa.

Dado entonces, el código moral libertario de no dañar a su semejante, la Contraeconomía consiste en hacer lo que usted quiera, cuando usted quiera, por sus propias razones. Y, con eso, hacemos retroceder la teoría y nos preparamos para evaluar el campo.

El enfoque del libro es mostrar al lector lo que es la Contraeconomía. La veremos en todos los aspectos de la vida en todas las partes del mundo y más allá. Mercado negro; mercado gris; disidencia tanto extranjera como nacional; resistencia fiscal; feminismo económico; escuelas y centros comerciales clandestinos; oro, plata, trueque y extranjeros ilegales; informática creativa y sistemas de información seguros; tráfico de armas y contrabando de Biblias; prolongación de la vida y aumento de la inteligencia; realización personal y resistencia psiquiátrica; hazañas sensacionales y revisionismo histórico frío y duro; alteración del espacio interior y el espacio exterior, todo está aquí.

Después de verlo por usted mismo, y luego de entenderlo por completo, si desea probarlo... ¡descubrirá que ya lo ha hecho! Si desea ampliar su libertad, sin duda encontrará nuevas ideas. Lo más importante para mí es que si ya está expandiendo su libertad y le preocupa su validez, verá con suerte el cuadro completo y juzgará por usted mismo su rectitud.

Si algún contraeconomista cambia de opinión acerca de abandonar una vida de libre mercado para volver a la sociedad "recta", enferma y estatista, este libro habrá cumplido a medias su propósito. Y si otros lo perciben bajo una nueva y más comprensiva luz, la otra mitad se habrá cumplido.

Y ahora a la acción humana real.

— SEK3

I. Contraeconomía fiscal

"Una vasta economía clandestina que rivaliza en tamaño con toda la producción del Canadá, en la que participan hasta veinte millones de personas y que genera cientos de miles de millones de dólares de ingresos no gravados, está creciendo bajo la corriente económica principal de los Estados Unidos".

"En total, según algunas estimaciones, esto implica más de medio trillón de dólares al año, aproximadamente una cuarta parte de la producción registrada en los Estados Unidos. Incluso los juicios más conservadores comienzan con casi doscientos mil millones".

Artículo de portada de la revista *U.S. News & World Report*, 22 de octubre de 1979.

"Algo está pasando aquí. No está claro lo que es exactamente …"

Stephen Stills, "Por lo que vale" (*For What It's Worth*) (grabado por Buffalo Springfield).

Algo llamado "economía subterránea" ha sido descubierto por los medios de comunicación de gran circulación de las instituciones. El periódico *Los Angeles Times*, por ejemplo, durante los años en que el autor mantuvo una estrecha vigilancia, publicó las siguientes historias:

• 17 de julio de 1979. "100 mil millones de la 'economía subterránea' revelados" (*100 Billion 'Underground Economy' Revealed*) (Sección IV, Páginas 1 y 11).

• "Cualquiera que haya mirado la economía subterránea le dirá que es muy grande, dijo Allen Voss de la Contraloría General estadounidense al subcomité de supervisión de Medios y Arbitrios".

• "Los funcionarios describen la economía clandestina como la que está integrada por personas que declaran menos de lo que ganan, incluidos los que se dedican al trueque o trabajan solo con dinero en efectivo, y los que ni siquiera se molestan en presentar una declaración de impuestos".

• 18 de septiembre de 1979. "La economía subterránea sale a la superficie" (*Underground Economy Comes Up for Air*) (Parte II, Página 5). El columnista Robert J. Samuelson se queja de que "los organismos gubernamentales tienen una forma de conferir respetabilidad a las ideas, y eso es justo lo que el Servicio de Impuestos Internos (SII) ha hecho por la 'economía subterránea'. Hasta hace poco, este era solo otro tema al azar para los reportajes de los periódicos y revistas. Ahora el SII ha entregado un informe importante estimando que tal vez un dólar de cada diez de los ingresos ha pasado a la clandestinidad, y no se notifica para fines de impuestos. De repente tenemos un problema social a gran escala".

• 9 de enero de 1980. "El dinero, una cuestión de dar y tomar" (*Money, a Question of Give and Take*) subtitulado "El hombre de los impuestos estafado con miles de millones" (*Tax Man Cheated Out of Billions*) (Parte IV, Página 5), comienza con "'Me siento maravillosa por no pagar impuestos', dice R. M. Jones. 'No me gusta apoyar un gobierno en apariencia poderoso, pero insignificante en la realidad y no me gusta cuidar de la gente de la beneficencia pública'".

• 2 de abril de 1980. "Se teme una evasión de miles de millones de dólares en el impuesto sobre la renta" (*Evasions of Billions of Dollars In Income Tax Feared*) subtitulado "Preocupación en los Estados Unidos por los fondos no declarados que circulan a las cuentas bancarias en el extranjero" (*U.S. Concerned Over Unreported Funds Flowing Into Overseas Bank Accounts*), expande el concepto internacionalmente. "El abuso de las llamadas cuentas 'offshore' por parte de estadounidenses ricos empeñados en la evasión de impuestos, así como por narcotraficantes, pagadores de sobornos corporativos y otros, ha alcanzado proporciones sin precedentes, según muchos expertos".

• 7 de abril de 1980. "En el lado de los incautos" (*On the Side of the Fawless*), subtitulado "La tolerancia de los 'estadounidenses' a las trampas fiscales en la economía subterránea les cuesta miles de millones" (*Americans' Tolerance of Underground-Economy Tax Cheats Costs Them Billions*), es un ataque editorial del escritor editorial del *Times*, Ernest Conine quien dice: "La mayoría de los estadounidenses se inclinan a mirar para otro lado ante tales acontecimientos. Eso no es muy inteligente, por decir algo. El sujeto que engaña en cuanto a sus impuestos sobre la renta, ya sea un instalador de alfombras o un hombre de negocios multimillonario, está robando a los contribuyentes honestos de la misma forma como si les pusiera una pistola en las costillas".

• 17 de abril de 1980. En el artículo "Cada vez más personas se niegan a pagar impuestos" (*More and More Refusing to Pay Taxes*) subtitulado "Los resistentes y los 'patriotas' insisten en que los Estados Unidos no tiene derecho a los gravámenes" (*Resisters and 'Patriots' Insist U.S. Has No Right to Levies*), no se menciona la "economía subterránea" en ninguna parte (Parte 1-C, Páginas 7-8). Sin embargo, comienza de esta forma: "Un número creciente de estadounidenses se niegan a presentar los formularios de impuestos sobre la renta o a pagar otro centavo al Tío Sam. La mayoría de nosotros pasamos varios meses al año trabajando para el gobierno federal, pero los que se resisten a pagar impuestos le han dicho al gobierno, renuncio". Hablaremos luego sobre esta anomalía.

• 18 de abril de 1980. "La mayor estafa fiscal de todas" (*Biggest Tax Swindle of Them All*) encabezó una columna de cartas en el *Times* respondiendo a Conine. Se imprimieron seis misivas, todas críticas a la defensa de los impuestos de Conine, aunque dos de ellas apoyaban los impuestos ofreciendo una alternativa, el Impuesto al Valor Agregado o IVA. Otras dos contenían esta frase de una palabra en respuesta a Conine: "¡Tonterías!". Otra decía: "¡La inepta sugerencia de Conine de contratar más auditores es una estupidez!".

• 18 de agosto de 1980. "El SII actúa para frenar el aumento de los rebeldes fiscales" (*IRS Acts to Curb Rise in Tax Rebels*), subtitulado "Los niveles aumentan a pesar de las condenas" (*Ranks Swell Despite Convictions*), de nuevo no se menciona ninguna "economía subterránea". (Sección 1, Página 1).

• 10 de enero de 1981. "Las iglesias pueden ser subastadas" (*Churches May Be Auctioned Off*), subtitulado "Quince congregaciones se niegan a presentar formularios de impuestos estatales" (*15 Congregations Refusing to File State Tax Forms*) amplía de nuevo el tema de los individuos y los rebeldes fiscales organizados en las iglesias (Página 30, Parte I). "Al menos quince iglesias fundamentalistas de California involucradas en una creciente revuelta contra la presentación de formularios de impuestos están en peligro de que sus propiedades sean subastadas por el Estado". Una vez más, no se menciona la "economía subterránea".

Esto no se limita a *Los Angeles Times* o al *U.S. News*. La columna de Jack Anderson del 29 de diciembre de 1979, comienza de esta manera: "Los contribuyentes americanos honestos están siendo estafados por una creciente economía 'subterránea' de estafadores de impuestos, cuyos impuestos no pagados deben ser compensados por la población respetuosa de la ley. Las estimaciones varían en cuanto a la magnitud de los estragos de estos guerrilleros fiscales por año, pero algunos expertos creen que sus transacciones ilícitas, libres de impuestos, constituyen hasta un tercio del total de la economía de los Estados Unidos. Tal vez la característica más alarmante de este misterioso ejército de tramposos es que muchos de sus reclutas no son figuras del bajo mundo, sino ciudadanos respetados y aparentemente honrados".

En el artículo "El valor de su dinero" (*Your Money's Worth*) la columnista Sylvia Porter dedicó tres columnas (10-12 de noviembre de 1980) a la "'Invisible' Economía Subterránea". Ella concluye apocalípticamente: "El cumplimiento debe ser la respuesta si queremos evitar el peligro de que todo nuestro sistema se desintegre".

Tal vez su visión no sea injustificada. El 1 de agosto de 1980, el Servicio de Noticias *Zodiac* (*Zodiac News Service*, SNZ), envió la siguiente historia:

(SNZ) El Servicio de Impuestos Internos decidió recientemente realizar un control de sus propios empleados mediante la auditoría de las declaraciones de impuestos personales de 168 de sus propios auditores, que fueron seleccionados al azar.

El SII informa que 110 de esas auditorías ya se han completado, y que exactamente la mitad de los propios auditores del Servicio cometieron graves errores en sus declaraciones personales.

De las 55 declaraciones inexactas, 13 pagaron en exceso sus impuestos, con un promedio de 129 dólares. Sin embargo, los 42 restantes, pagaron de menos al Tío Sam con un promedio de 720 dólares. Esta cifra de 720 dólares, por cierto, es más del doble del promedio de pago incompleto del público, que está alrededor de los 340 dólares.

El SII iba a ampliar la auditoría de sus propios auditores, pero desde entonces se ha cancelado ese plan luego que los auditores calificaran el plan de "intolerable" y "muy, muy injusto".

Y la "amenaza" no está aún limitada. Thomas Brom del Servicio de noticias *Pacific* (*Pacific News Service*, PNS) en el artículo "La próspera economía 'ilegal' de los Estados Unidos. Empleos para muchos, protección para ninguno" (*America's Booming 'Outlaw' Economy — Jobs for Many, Protection For None*), publicado el 28 de noviembre de 1980, comienza con esta nefasta advertencia como una "nota del editor": "La economía 'ilegal' o 'subterránea', donde el dinero en efectivo paga la cuenta y se evita el SII, está creciendo a pasos agigantados, según estimaciones recientes. Ha llegado a funcionar como una especie de sistema general de supervivencia sospechoso y un programa de bienestar no oficial para las crecientes legiones de desempleados. Pero mientras que ofrece la supervivencia para muchos, proporciona pocos beneficios sociales y ninguna protección al trabajador, y representa una seria amenaza para los sindicatos estadounidenses, informa Thomas Brom, editor de economía del PNS".

Por último, nada es un fenómeno popular si no se informa en la revista *People*. Así que, en septiembre de 1979 se publicó en la página 30, una foto de página completa de Richard Fogel de la Contraloría General estadunidense con la leyenda: "Si el gobierno no toma medidas, la integridad de todo nuestro sistema tributario podría verse amenazada", su título era "Un nuevo estudio de los Estados Unidos sobre la evasión de impuestos es otra razón para gritar: Estoy muy enfadado y no voy a aguantar más"(*A New U.S. Study on Tax Evasion Is Another Reason To Shout: I'm Mad As Hell And I'm Not Going To Take It Anymore*).

Algo está pasando aquí. Esto no parece ser la "rebelión fiscal" de los abogados constitucionales aficionados. Pero sí parece ser un gran éxito que representa un asunto muy irritante para el Estado, sus instituciones y sus defensores.

¿Qué es la "economía subterránea"?

La "economía subterránea" evoca una visión de una subsociedad interna de la sociedad en su conjunto, con conciencia, organización estructurada, y una subcultura de costumbres, tradiciones, y tal vez incluso arte y literatura. Aquí encajaría la imagen del centro comercial subterráneo en *Alongside Night* (Editorial Crown, 1979) de J. Neil Schulman. Pero la misma está ambientada en 2001 (ficción especulativa) y nadie afirma que tal subsociedad exista hoy en día. Además, Schulman habla de la Contraeconomía, algo que contiene mucho más que la evasión de impuestos.

Entonces, ¿cuál es la actual "economía subterránea" y cuál es su relación con la Contraeconomía, si la hay?

El *U.S. News & World Report* proporciona la más amplia definición de las fuentes anteriores y la mayoría de los ejemplos: "En resumen, la economía subterránea implica toda la actividad económica que se lleva a cabo cada día y que, por diversas razones, escapa a la tabulación de los comisionados oficiales de la nación que vigilan la opinión pública con respecto a la economía, desde el pluriempleo y la venta de puestos de fruta en las carreteras hasta las argucias corporativas de alto nivel y las operaciones multimillonarias de fraude en dólares en los casinos de juego". Hasta ahora, es lo suficientemente amplio como para incluir la Contraeconomía. Pero entonces, *U.S. News* lo reduce: "Esta 'fuerza de trabajo' está dominada por los trabajadores autónomos, desde abogados, médicos y contadores hasta vendedores y comerciantes, e incluye a los trabajadores pobres. Pero también abarca a muchos de otros sectores de la sociedad, aquellos que, entre otras cosas, añaden información incorrecta en las deducciones de impuestos o declaran menos ingresos por intereses, dividendos, alquileres o ingresos por regalías".

La Contraeconomía incluye a todo el mundo (vea los capítulos siguientes para comprobarlo). Es decir, una actividad contraeconómica es cualquier acción humana que tenga lugar sin la aprobación del Estado. Y puesto que las leyes cubren casi todas las actividades humanas, a menudo prohibiendo tanto la acción como su correspondiente inacción, todos, al menos en un pequeño grado, deben saltarse o romper las leyes simplemente para existir.

U.S. News ve considerablemente menos gente en su "economía subterránea". "En mayor o menor medida, de 15 a 20 millones de estadounidenses probablemente están implicados, dice Allen R. Voss, quien supervisó un estudio del problema por la Contraloría General estadunidense. De ellos, hasta 4,5 millones derivan todo su apoyo de los ingresos clandestinos, según Peter M. Gutmann, profesor de economía de la Universidad de la Ciudad de Nueva York". En resumen, la "economía subterránea" es el sector más comprometido y acérrimo de los infractores de la legislación fiscal de la Contraeconomía.

¿Quiénes son los que no pagan impuestos? Se presentan varios ejemplos, desde las viudas que limpian la casa, pasando por las amas de casa costureras hasta los agricultores que venden verduras en la carretera. Esto puede ser arquetípico: "Una actriz luchadora de 24 años en la ciudad de Nueva York tiene tres trabajos para llegar a fin de mes: trabaja como mesera, un trabajo que le paga entre 30 y 35 dólares al día, incluyendo las propinas; ayuda en la joyería de su padre los sábados, y aparece de vez en cuando en su propio número de cabaret en un local nocturno de Greenwich Village".

"Todos sus trabajos están fuera de los libros. Sus empleadores, en otras palabras, no retienen ningún impuesto de su salario y no contribuyen a la seguridad social o al seguro de desempleo como se les exige. 'Soy completamente clandestina', dice. 'No hay registros de nada de lo que estoy haciendo'".

No muestra culpa ni arrepentimiento por no haber rendido cuentas al Estado por su acción. La empleada de la limpieza se ve afectada por un toque nostálgico. "'A medida que envejezco', dice, 'empiezo a pensar que tal vez debería haber hecho que mi gente pagara la seguridad social por mí. Pero de esta manera no pago impuestos, ni nada'".

Si bien el concepto de "economía subterránea" se inclina fuertemente hacia la evasión de impuestos, es evidente la interrelación con otras actividades contraeconómicas como la evasión de la seguridad social, y de los reglamentos laborales, el incumplimiento de la inspección de salud y seguridad, y la inmigración ilegal.

La "economía subterránea" como la define el SII, y otros, a lo sumo incluye a nuestra actriz y a sus empleadores. Pero recuerde, cualquiera que trate con ella y conoce sus actividades ilegales es cómplice y co-conspirador. Por lo tanto, todos sus amigos, parientes, compañeros de trabajo y probablemente muchos de sus clientes, actores colegas, e incluso los asiduos a los bares están involucrados en la Contraeconomía. Este efecto "dominó" es característico de los contraeconomistas: ¿no es necesario insistir en su efecto sobre la majestad y la autoridad del Estado, sus agentes y burócratas, incluso los que están involucrados de forma superficial?

Cada trabajo o empresa no estatal es capaz en algún grado de formar parte de la Contraeconomía. Algunas industrias parecen tener una mayor afinidad con la Contraeconomía que otras. *U.S. News* profundiza en aquellos sectores comerciales que, para mantener la metáfora, tienen una tendencia a "sumergirse". Liderando el camino se encuentra ese conjunto heterogéneo de oportunidades de empleo conocido como pluriempleo.

"Toda una panoplia de pluriempleados labora en la economía subterránea. Uno de ellos, un joven músico neoyorquino, ganó 7500 dólares, casi todos en efectivo, dando clases de guitarra el año pasado. Pero no notificó nada de eso en la declaración conjunta que presentó con su esposa. No enumeró los ingresos, dice, en parte por necesidad y en parte por rabia. Sus padres pagaron altos impuestos durante años, dice, pero a él le negaron los préstamos del gobierno y las subvenciones a disposición de otros, para ayudar con sus gastos de la universidad porque los ingresos de sus padres eran demasiado altos". La conexión entre el resentimiento antiestatal y la motivación contraeconómica es indicativa del libertarismo implícito de la Contraeconomía. El hecho de que actualmente esto permanezca disperso, bien podría interesar a los estrategas libertarios.

"Un pluriempleado en Indiana trabaja en un taller de máquinas durante la semana y supervisa una instalación privada de recolección de basura los fines de semana, donde recibe unos cien dólares de ingresos no declarados cada semana". Aunque los contraeconomistas expertos son más comunes de lo esperado (por ejemplo, la actriz y el músico antes mencionados), la mayoría de las personas son parcialmente contraeconomistas.

"Millones de personas que trabajan en empleos regulares pero que no están sujetos a retenciones de impuestos, entre ellos: maestros, taxistas, vendedores a domicilio, encuestadores, agentes de seguros y agentes inmobiliarios, son acusados por los funcionarios de ser un elemento importante de la economía subterránea. Alrededor del 47% no declaran sus ganancias, afirma el SII". Curiosamente, *U.S. News* no menciona a las camareras ni a los camareros en ninguna parte de su artículo, una omisión sorprendente teniendo en cuenta el tamaño de ese Ejército de Amazonas (mayoritariamente femenino) con propinas en gran parte no declaradas.

¿Cómo funciona la Contraeconomía sin impuestos?

¿Cómo opera? Fundamentalmente como el Servicio de Impuestos Internos lo admite de forma irónica: el impuesto sobre la renta se basa en el cumplimiento voluntario. El momento en que el cumplimiento se oscurece, es en la información, no en la recaudación, es su saqueo. Para decirlo de forma simple y sin rodeos, usted debe entregarse a las autoridades (o hacer que alguien de confianza lo haga por usted) para ser gravado. Destruir el acceso del Estado a la información sobre sus víctimas es un principio general de la mecánica contraeconómica, el otro método consiste en hacerles saber cuándo son impotentes para actuar, lo que funciona en ciertos campos, pero difícilmente es "subterráneo".

Este es el verdadero significado de "subterráneo" en este contexto, fuera de la "vista" de los ojos de los informantes y ejecutores del Estado ¿Cómo funciona esto en la práctica diaria?

Casi todos los ejemplos dados usan dinero en efectivo y complicidad. El dinero en efectivo no se puede rastrear, en efecto, aunque el Estado sospeche: mientras tenga el sistema jurídico actual no puede probar ni condenar. Necesitan registros y testimonios. La complicidad, por supuesto, se compra directamente con un descuento. (En algunos casos raros, principalmente con artistas, artesanos y narcotraficantes especiales, la complicidad se puede comprar por la singularidad del producto, es decir, no se puede obtener excepto por un acuerdo clandestino).

Sin embargo, otro método funciona al estilo anverso en el que no hay dinero en efectivo. *U.S. News* afirma que: "Se cree que las transacciones de trueque son otra fuente importante de ingresos no gravados. Un abogado de Flint, Michigan, recibió un aparador de comedor antiguo de 300 dólares de un residente local al que representaba en un asunto de manutención de niños. El abogado a menudo intercambia servicios con sus clientes, pero no notifica como ingreso el valor de los artículos que recibe. 'No me siento culpable por lo que hago', dice. 'El gobierno me está estafando'". De nuevo, vemos el resentimiento antiestatal que justifica la ilegalidad y el efecto dominó en la "contaminación" de este abogado en toda una ciudad llena de clientes con complicidad contraeconómica.

"Otro hombre, un ilustrador comercial y redactor autónomo en Chicago que está harto de los altos impuestos, dice que hace pocos negocios con dinero en efectivo, pero realiza mucho trueque. Escribe textos publicitarios para una licorería a cambio de bebidas alcohólicas que necesita para entretenerse, y hace ilustraciones para una agencia de publicidad a cambio de servicios tipográficos. Calcula que el trueque representa entre el 5 y el 10% de su negocio". La empresa clandestina, como la formal, parece limitada solo por el ingenio. Por supuesto, la "economía formal" también está limitada por el control y los reglamentos del Estado.

Ah, sí, ¿cómo se siente este artista sobre sus actividades ilegales? "'Estas transacciones ocurren tan frecuentemente, en un nivel económico bajo, que no puedo llevar un control de la frecuencia con la que lo hago', dice. Ocultarlo al recaudador de impuestos le habría molestado hace un par de años. Ya no. 'Ahora pienso en ello en términos de supervivencia económica. Los impuestos se han convertido en un robo legalizado'". Ahora él suena como un libertario ideológico.

Además de estos dos métodos de conservar los ingresos "fuera de los libros" para mantenerlos alejados de los hombres de los impuestos, existe otro método que consiste en manipular los libros mismos. Un grupo de jubilados recoge las ganancias en las pistas de carreras para los apostadores de alto nivel, y luego las entregan a sus patrocinadores que evitan los altos niveles de ingresos. Las cuentas de gastos ciertamente pueden absorber todo tipo de transacciones para ser mantenidas fuera de los libros de ingresos personales. El "desvío de fondos" es casi universal en pequeños comercios, tiendas y taxis: consiste en mantener una porción de la recaudación de cada día sin registrarla. Un joyero entrevistado por *U.S. News* gana diez millones de dólares en negocios al año, de 25 a 30% en efectivo. "Dice que cree que entre el 10 y el 20% de todos los ingresos generados 'en la calle' no se reportan". Enorme. Y él suena como Ayn Rand: "Empecé sin nada y construí un negocio de millones. El gobierno empezó con miles de millones, y siguen endeudados. Solo desperdician el dinero".

Y finalmente, uno puede simplemente duplicar los libros, uno para usted y otro para el Estado: "Una peluquera de Houston mantiene dos juegos de libros, uno para sí misma, uno para el SII. La mayoría de los negocios son en efectivo, ella guarda en sus bolsillos un tercio, o 200 dólares a la semana, sin reportarlo".

Un último ejemplo del *U.S. News* lo reúne todo. "Un comerciante de California que presume de no haber pagado el 1% del impuesto sobre la renta en cinco años ofrece este consejo sobre cómo hacer para desviar fondos: 'Lo más importante es la consistencia. Si usted desvía fondos, desvíe la misma cantidad cada año. Si deja pasar un año sin quitar nada y luego usted quita el 20% al siguiente, lo van a atrapar'".

"Ni siquiera una auditoría del SII significa el fin del mundo. Normalmente se le notifica por adelantado. Todo lo que tiene que hacer es comprar unos nuevos libros de recibos y hacer que se ajusten a sus cifras. Mientras los recibos estén numerados consecutivamente, y las cifras se encajen, usted está bien. De hecho, el año en que engañé al gobierno fue el año en que me auditaron. El resultado fue que el inspector terminó felicitándome por el buen estado de mis registros. Engañar al gobierno es tan fácil que da lástima".

¿Qué produce la "economía subterránea"?

La Contraeconomía existe porque el Estado existe. Toda intervención del Estado en el mercado libre desestabiliza la oferta de la demanda. Además de ser la maldición coercitiva que los libertarios denuncian, cada intervención crea una oportunidad económica para que un empresario descubra cómo suministrar la demanda que el Estado prohíbe o más barata de lo que el Estado permite.

En el caso especial de la "economía subterránea" sin impuestos, cada impuesto es un desafío. Echemos un vistazo a la ciudad de Nueva York. El *U.S. News* afirma: "El mercado negro de cigarrillos de contrabando de la ciudad de Nueva York, que según algunas estimaciones representa hasta la mitad de todas las ventas del producto del tabaco en la ciudad ahora, podría estar negando a la ciudad y al Estado 'cientos de millones de dólares al año' en ingresos, dice David Durk, comisionado asistente de aplicación de la ley del Departamento de Finanzas de la ciudad. La razón del creciente mercado ilegal: las altas tasas e impuestos sobre bienes específicos, que asciende a 23 centavos por paquete".

¿Único? Siga leyendo. "El relativamente alto impuesto a las ventas de la ciudad de Nueva York del 8%, constituye otro problema. Es común que los comerciantes desvíen el 20%, dice el economista Gutmann". ¿Y solo en Nueva York? "Un experto en impuestos sobre las ventas, John F. Due, profesor de economía de la Universidad de Illinois, dice que del 3 al 5% del total de los impuestos a las ventas que se deben en todo el país, o hasta 2 mil millones al año, escapan de la recaudación".

Un segundo artículo del *U.S. News*, que sigue directamente: "Engañar a los impuestos. Una búsqueda mundial" (*Cheating on Taxes — A Worldwide Pursuit*), documenta cifras similares y ajustadas a las prácticas culturales locales, en todo el mundo. *Schwarzarbeit* en Alemania, *travail noir* en Francia, *fiddlers* en Gran Bretaña, y *morocho* en Argentina, son términos acuñados para abordar el trabajo en negro y el dinero negro. "La economía subterránea de Italia está creciendo tan rápidamente que el gobierno la incluye ahora en la planificación económica". Los funcionarios del gobierno argentino "estiman que hasta el 40% de todos los negocios están involucrados". Japón, Suecia y Canadá están incluidos, y "los economistas de Tailandia se desesperan cuando se les pide que estimen lo que los impuestos no cobrados le están costando al gobierno. '¿Quién sabe?' es la respuesta que se da más a menudo". Veremos en detalle la Contraeconomía internacional en el próximo capítulo.

¿Debería existir una 'economía subterránea'? Críticos y defensores

Existe una Contraeconomía, en particular el sector relacionado con la evasión de impuestos, y es vasta. Fue "descubierta" y nombrada por este autor, hablando con libertarios radicales, en 1974. Ahora la parte "subterránea", por lo menos, ha sido descubierta por otros y no la aprueban. Dejando la teoría y la justificación hasta el final como se prometió, creo que puedo abrir el apetito del lector al anticipar el debate entre los libertarios y los escritores de las instituciones solo sobre la cuestión fiscal.

Ambos bandos están de acuerdo en que una sociedad perfecta no tendría una Contraeconomía, ni ninguna parte de ella. En lo que no están de acuerdo es en que los libertarios ven a la Contraeconomía como esa sociedad perfecta en estado embrionario que lucha por salir del cascarón, mientras que la oposición la ve como un infortunio y un tumor antiestético en el organismo político más o menos aceptable.

A los defensores y planificadores del Estado benefactor no les gusta. El *U.S. News* confirma: "los programas gubernamentales están afectados por la economía subterránea. Debido a los trabajos e ingresos no regulados, las interpretaciones de los estadísticos del gobierno (cuyos números pueden disparar aumentos automáticos del costo de vida o inyectar miles de millones de dólares de adrenalina fiscal en la economía cuando el desempleo sube) pueden estar desfasados con lo que realmente está sucediendo. El desempleo, por ejemplo, puede ser en realidad casi medio punto porcentual más bajo de lo que indican las cifras oficiales, dice un economista que lo ha estudiado, y el número de personas asoladas por la pobreza algo menor". Los libertarios destacan que tal vez la Contraeconomía podría absorber a todos los desempleados especialmente cuando el Estado se degrada en una inflación descontrolada o una depresión catastrófica, que resultan de los propios controles del Estado.

Ernest Conine del periódico *L.A. Times* lo dice de esta manera: "En un mundo perfecto, todas las desigualdades desaparecerían. Sin embargo, a la espera de ese improbable día, las quejas que todos tenemos sobre el gobierno difícilmente se suman a una excusa válida para hacer trampa en los impuestos". Tal vez no, pero ¿qué cree Conine que está mal? "Después de todo, cuando un pintor de casas o un abogado notifica solo la mitad de sus ingresos, no está perjudicando a David Rockefeller, al Pentágono, a Jimmy Carter, a la Corte Suprema de los Estados Unidos o al gran evasor de impuestos". La razón por la que algunos o todos ellos podrían ser lastimados sería muy esclarecedor si lo explica un editor de *Los Angeles Times*. Desgraciadamente, no: tal análisis se proporciona. Y, además de eso, Conine está equivocado en los hechos, 180° fuera de lugar. Puesto que todos ellos, excepto el "gran evasor de impuestos", viven de los impuestos del Estado, entonces hay mucho menos pastel para dividir. Si toda la economía se volviera "subterránea", todos los antes mencionados estarían en bancarrota.

¿A quién está perjudicando el contraeconomista, según Conine? "Está perjudicando al tipo de la calle que trabaja por un sueldo fijo y no tiene forma de evitar los impuestos, aunque quisiera, y por lo tanto debe pagar tanto su parte de la carga fiscal como la del fraude fiscal". De nuevo Conine está equivocado, si su teoría económica se sostiene, en ese caso si todos evitasen los impuestos, pero existe una persona convencional y desafortunada, entonces él o ella soportaría toda la carga fiscal. Hay cierta "elasticidad" para gravar la "oferta" pero jamás en el orden del 20-30% de la economía. El Estado simplemente está recaudando menos impuestos, punto.

Conine culpa al "engaño fiscal" por el incremento de los impuestos y concluye: "No obstante, de alguna manera, este es un caso en el que demasiada gente instintivamente no se pone del lado de los policías sino de los ladrones... La mayoría de nosotros parece decidida a seguir buscando a los tramposos de los impuestos de bajo calibre con una tolerancia desconcertante, incluso formando parte de su juego con pagos en efectivo que se encuentran fuera de los libros por los servicios prestados, sin considerar del hecho de que ellos están poniendo su justa parte de la carga fiscal sobre nuestros hombros".

Más adelante en el libro, el "tipo con un sueldo fijo" encontrará más formas, si no ha captado ya varias, de cómo puede unirse a los sin impuestos. Un capítulo tratará el temor de Brown de *Pacific News Service* a la explotación ilegal de extranjeros y a la falta de seguridad, la gran literatura ya existente sobre la economía de libre mercado responde a los temores de Sylvia Porter sobre el colapso de la sociedad, y el colapso del Estado en la sociedad, es decir, cómo la Contraeconomía puede expandirse para afectar la economía del Estado y crear una sociedad libre, y venderla a un pueblo oprimido y enojado que ya está luchando hasta los límites de su comprensión. Este asunto se tratará en el capítulo final del libro.

Lo que es una parte justa de la carga fiscal, si es que hay alguna, nos lleva a la teoría que se está aplazando. Baste decir aquí que, si Conine cree que una sociedad relativamente libre de personas tiene derecho a elegir su propio nivel de impuestos, con o sin representación, entonces él debería acoger a aquellos que efectivamente hacen esa elección. Pero no son solo las personas relativamente libres en los Estados Unidos las que pueden hacer esa elección a través de la Contraeconomía. Ahora nos dirigiremos al resto del mundo.

II. Contraeconomía internacional

Luego de establecer la existencia de al menos la parte sin impuestos de la Contraeconomía y al menos en este continente, existen dos direcciones para expandir el concepto, a saber: otros campos en este continente y la Contraeconomía en el extranjero. También existe la combinación de las dos: la Contraeconomía a través de las fronteras de este continente y las de otros.

En un mercado libre, no hay fronteras. Existe la geografía, el espacio para ser cruzado con bienes e información, y los obstáculos a ser superados, los cuales afectan el precio. Cuando el Estado impone fronteras imaginarias y los ejecutores genuinos como inspectores de aduanas, oficiales de inmigración y agentes del Departamento del Tesoro, sin mencionar ejércitos y fuerzas navales, entonces el mercado se divide. El mercado blanco ve obstáculos, el mercado negro ve oportunidades. Para los contraeconomistas, una frontera es solo un obstáculo más para el movimiento de bienes y servicios que debe ser tratado de manera eficiente y competitiva.

Algunas de las mercancías traficadas incluyen personas, dinero y cosas, la última es conocida como contrabando y puede ser cualquier cosa desde jeans hasta cocaína. Otro campo del comercio que evita las fronteras es la transferencia de información. Eso puede ir desde la "radiodifusión pirata" hasta el espionaje industrial y político. Incluso existe la táctica de trasladar bienes legalmente aceptables a través de las fronteras para aprovechar las diferentes exenciones de impuestos e incentivos a la exportación.

Este puede ser el mejor momento para señalar que hay lugares que prácticamente no tienen Contraeconomía (aunque es posible que los contraeconomistas de otras áreas solamente operen aquí): el espacio, la altamar y los puertos libres. La rápida militarización y nacionalización de las dos primeras está generando una Contraeconomía y se tratará más adelante. La tercera categoría describe las áreas en las que los Estados del mundo tienen contratos (tratados) para contener el control, aunque eso es revocable en cualquier momento, como se descubrió en Danzig y Tánger. Incluso Hong Kong y Singapur fueron brevemente ocupados durante la Segunda Guerra Mundial. Es posible sacar las lecciones que se desee de estos lugares que no tienen ninguna intervención económica y ninguna Contraeconomía, y niveles de vida muy superiores a los de su entorno.

Cabe decir que casi todos los países importantes tienen zonas de libre comercio en los aeropuertos y puertos marítimos para permitir la transferencia de mercancías entre transportistas internacionales. La ciudad de Nueva York tiene una en Staten Island. El famoso pedófilo Roman Polanski, sujeto a una detención inmediata en los Estados Unidos, aterrizó en el aeropuerto internacional de Los Ángeles y despegó de nuevo de rumbo a Francia hasta Tahití. No fue importunado, aunque sabiamente permaneció en el avión todo el tiempo. Estas áreas de libre comercio difícilmente son el resultado de la benevolencia o laxitud del Estado, si un Estado elimina tales ventajas para el comercio, otro Estado en la "anarquía internacional" ofrecerá el servicio y aumentará la cuota del negocio.

¿Qué hay de la "economía subterránea" de la evasión de impuestos? ¿Existe en el extranjero? En muchos lugares, los impuestos son peores que en los Estados Unidos, así que al suponer que mientras exista una presencia más fuerte de la Contraeconomía, habrá más intervención, entonces deberíamos encontrar bastante.

La "economía subterránea" internacional

El término *Schwarzarbeit* en Alemania Occidental y *travail noir* en Francia significan "trabajo en negro". "Como quiera que se llame este mercado oculto, en Europa significa que los trabajadores evaden el impuesto sobre la renta, la seguridad social y, a menudo, otros impuestos al no notificar sobre sus ganancias completas al gobierno. Los empleadores evaden los impuestos de bienestar social y, en algunos países, los impuestos sobre el valor agregado. También evitan pagar salarios más altos a los empleados regulares por las horas extras". ¿Cuántos están involucrados? "Los expertos de la Organización Internacional del Trabajo en Ginebra estiman que en Europa el 5% o más del total de la fuerza laboral puede estar involucrada en las economías ocultas. ¡Eso significa de 7 a 8 millones de trabajadores!".[1]

Fuera del Pacto de Varsovia, Suecia suele ser considerado como el país más socialista y estatista. "Suecia, el país con mayor cantidad de impuestos en Europa, tiene una economía oculta que se estima que totaliza al menos el 10% de la producción nacional y que le cuesta al gobierno impuestos que equivalen al 15% del presupuesto". El trueque de mano de obra parece ser el método principal, y el Estado sueco está tratando fuertemente de suprimir la mano de obra contraeconómica "y endurecer sus controles fiscales, que ya son de los más estrictos en Europa. Pero las autoridades parecen estar librando una batalla perdida…"[2]

"La economía subterránea de Italia está creciendo tan rápidamente que el gobierno ahora la incluye en la planificación económica. Las estimaciones oficiales calculan que los ingresos por trabajo oculto representan alrededor del 10% del producto nacional bruto, o unos 24 mil millones de dólares, en 1978. Pero un estudio reciente dice que es mucho mayor, dicha cantidad puede llegar hasta 43 mil millones de dólares en 1979".

El marketing laboral contraeconómico beneficia tanto al empleador como al empleado, superando las diferencias de clase, incluso en una Europa obsesionada por la clase. ¿Por qué? Los trabajadores irregulares de Italia "normalmente reciben salarios más bajos, trabajan más horas y no tienen seguridad social ni otros beneficios adicionales. Pero no pagan impuestos"[3]. Aquellos que quieran argumentar que la mano de obra quiere evitar el riesgo y confía en el gobierno para protegerlo de los empresarios explotadores, tendrán que afrontar esta realidad inoportuna: "Más de 6 millones de trabajadores, un tercio de la fuerza laboral de Italia, están empleados en secreto". Y para los empleadores italianos, la Contraeconomía "reduce sus costos laborales, les proporciona una fuerza de trabajo flexible y les permite exigir a los empleados que trabajen horas extras cuando sea necesario".[4]

¿Solo la mano de obra italiana ha adquirido conciencia contraeconómica? "El dueño de una fábrica de ropa, con personal ilegal, puede vender su producto a un intermediario. El intermediario, que opera desde una furgoneta de reparto, vende a un minorista.

El minorista no registra la compra y por lo tanto puede vender con un descuento porque no ha pagado el impuesto sobre el valor agregado".[5] Obsérvese cómo se forman capas de actividad económica entre el productor inicial y el consumidor final y estas capas forman pasos contraeconómicos en la "pirámide capital".[6] Ningún paso de la producción parece seguro para el estatista.

"Sin embargo, ¿por qué rara vez se escucha algo sobre la liberalización bajo el cielo azul del soleado Mediterráneo?... La materialización aparece en primer lugar en la autopista. En las carreteras donde se observa la señalización de 100 km/h, el único vehículo que respeta el límite de velocidad es un solitario Morris Minor con matrícula británica y un neumático pinchado. En los cruces peatonales de las plazas se pueden ver bicicletas, motos modelo *scooter* y carretas de bueyes, pero no se observan peatones. Ellos se mueven rápidamente en los carriles marcados como 'solo para autobuses', donde incluso los italianos ancianos no recuerdan nunca haber visto un autobús. Las normas monetarias son estrictas, pero las tiendas o las cabinas de peaje aceptan cualquier cosa, desde dólares hasta francos suizos, y luego le dan el cambio en chicles envueltos en material vistoso para compensar la escasez de monedas acuñadas. Un portero del *Ciritti Palace Hotel* de Venecia explica por qué las lanchas colectivas cobran tres veces la tarifa oficial. Señala con orgullo los formularios computarizados del impuesto sobre la renta que el gobierno de Roma envía a todo el mundo y dice: 'Los americanos mostraron a nuestro gobierno cómo hacerlo'".

Nuestra observadora, la Sra. Amiel, observa una respuesta completamente contraeconómica. "De repente, la moneda, o tal vez el chicle, cae. Por supuesto, se habla poco de la liberalización en Italia. ¿Por qué luchar contra algo en apariencia poderoso, pero insignificante en la realidad? El maravilloso espíritu mediterráneo, el genio italiano, el sabio y vital flujo de brío, ha resuelto el problema sin él. Los italianos han cortado el nudo gordiano".

"Pueden tener todas las reglas y regulaciones del mundo, simplemente no las respetarán. Los italianos han elevado la desobediencia civil a un arte fino y sutil. Han hecho regulaciones que la mayoría de ellas merecen ser las letras muertas del deseo de alguien más".[7]

Francia tiene menos opresión fiscal y el trabajo irregular se estima en solo 800 000 trabajadores y 5000 millones de dólares, aunque esto es sin duda una subestimación. "La mayoría de los trabajos ocultos son de plomería, pintura, techado, instalación eléctrica y otras reparaciones del hogar. Pero la costura, las reparaciones de autos y camiones, la peluquería y la carpintería también son populares". Hasta ahora nadie había comprobado el procesamiento de datos allí.

Las filas del propio gobierno no son inmunes. "Incluso los funcionarios públicos como los policías tienen pluriempleo de noche o los fines de semana". Luego hablaremos más sobre eso ¿Qué hay de los casos de asistencia social? "Algunas personas que reciben altos beneficios de desempleo prefieren los trabajos clandestinos a tiempo completo a trabajar legalmente".[8]

El estatismo sindical agrega un incentivo a la Contraeconomía de Alemania Occidental, donde los impuestos más bajos podrían reducir la motivación. (Las tasas salariales artificialmente altas crean una barrera de entrada dejando los trabajos sin hacer). Los *Schwarzarbeiters* combaten las tasas salariales artificialmente altas. "Los plomeros y albañiles, que cobran de 17 a 25 dólares la hora, si son empleados abiertamente a través de un contratista, pueden ser contratados en secreto por la mitad de ese precio".[9] Es imposible asignar un valor de mercado sin registrar las transacciones, pero los funcionarios alemanes estiman que veinticinco mil millones de dólares de trabajo no gravado al año le cuestan a su Estado cuatro mil millones de dólares en impuestos, lo que supone que incluso se habría realizado si se hubiera gravado.

Insidiosa y erróneamente, "un Ministerio de Trabajo estatal dice que 230 000 alemanes occidentales podrían encontrar trabajo si el *Schwarzarbeit* fuese eliminado". Los millones de trabajadores irregulares que estarían desempleados no tienen ninguna consecuencia para el Ministerio de Trabajo.[10]

Se impusieron multas de 380 000 dólares y un trabajador de Stuttgart fue multado con 5000 dólares y gravado con 112 000 dólares por ganar 250 000 dólares en siete años. "Pero las multas no parecen ayudar".[11]

"En Gran Bretaña estos trabajadores clandestinos son llamados *fiddlers*. Se estima que uno de cada ocho británicos gana un mínimo de 2200 dólares al año por el pluriempleo y no paga ni un centavo de impuesto sobre los ingresos no oficiales. Se calcula que la economía sumergida representa cerca del 8% del Producto Nacional Bruto de Gran Bretaña".[12] Los que temen que los incentivos británicos sean reprimidos por la socialdemocracia, pueden entusiasmarse. Los británicos están practicando la Contraeconomía con las mismas técnicas que los americanos y los europeos, pero hay algunos casos únicos.

"Un fraude difícil de controlar se está produciendo en las plataformas petrolíferas del Mar del Norte. Muchas empresas británicas y subsidiarias de firmas extranjeras cooperan con el plan de pago del gobierno conocido como el impuesto de retención (*pay-as-you-earn*) y deducen impuestos de la paga de los empleados, pero algunos perforadores se rehúsan a hacerlo... hasta ahora, cerca de 8000 trabajadores no han pagado impuestos sobre ganancias de alrededor de 90 millones de dólares".[13]

Anteriormente, se mencionó la Contraeconomía transfronteriza con fines de evasión fiscal. Algunos casos increíbles de estrellas de cine suecas y estrellas de rock inglesas son ampliamente conocidos. Aquí está el testimonio de una persona perteneciente a la lumpemburguesía: "Si trabajara en casa, podría ganar hasta 400 dólares a la semana, de los cuales tendría que pagar el alquiler, comprar comida y pagar los impuestos, pero, haciendo el mismo trabajo en Alemania u Holanda, obtengo 700 dólares a la semana además de la comida y un lugar para vivir. Tomo mi dinero en efectivo y no pago impuestos a nadie".[14]

En el Tercer Mundo, específicamente en Argentina se le conoce como dinero negro (*morocho*) que es libre de impuestos, y se estima que el 40% de todos los negocios están involucrados.[15] "El jefe de una empresa de construcción resume la situación de esta forma: 'No será posible que un martillo se mueva en cualquier lugar de este país a menos que estés dispuesto a pagar dinero negro'". Con respecto a las clases altas, "Un banquero de Buenos Aires informa: 'El apartamento junto al nuestro se vendió hace unas semanas por 360 000 dólares, todo en efectivo y todo en dinero negro. No hubo impuestos, ni comisión de bienes raíces, nada excepto 360 000 dólares en efectivo'".[16]

Mientras que la evasión fiscal es relativamente menor en el Japón (hasta ahora), la Contraeconomía entra donde el sistema educativo estatal monopolista crea "barreras de entrada" artificiales (el término economista se verá mucho aquí). Para entrar en las universidades más prestigiosas se requiere el pago "clandestino" de cuotas de admisión. "Los padres han pagado el equivalente en yenes desde 4600 hasta 460 000 dólares a los funcionarios de la escuela con el fin de que sus hijos entren en la universidad elegida".[17]

En Tailandia, cerca del refugio del mercado negro de Birmania, se compensa el cumplimiento de la ley por parte de Japón. "La división de política fiscal del Ministerio de Finanzas estima que menos del 10% de los 19 millones de trabajadores del país presentan declaraciones de impuestos".[18] Es decir, el 90% no presenta declaraciones de impuestos. Alguien debe estar vigilando a ese 10% como si fueran halcones. Solo para asegurarse de que el incentivo es jugar y no delatar, "un vendedor de autos ofrece a un posible cliente un 'precio amistoso' de entre el 10 y el 30% de descuento del precio de lista si el comprador paga en efectivo y acepta olvidar cualquier papeleo que pueda ser usado por los recaudadores de impuestos para rastrear la venta".[19]

Volviendo al caso de Italia por un momento, vemos que allí se encuentra un efecto contraeconómico aún más amenazador para el Estado. Parece que la mayoría de esos 6 millones (estimación de 1979[20]) o 2 a 4 millones (estimación de 1977[21]) ¡son los propios trabajadores del gobierno! Al trabajar desde las 8 de la mañana hasta la 1:30 de la tarde, los burócratas romanos están bien posicionados para trabajos secundarios de la tarde.[22]

"'Sí, sé que estoy tomando un trabajo que alguien más necesita', dice un burócrata del Ministerio de Finanzas italiano que complementa su salario mensual de 400 dólares del gobierno trabajando en una oficina de bienes raíces por las tardes y faltando a su trabajo en el gobierno por las mañanas si surge un asunto importante. 'Pero tengo que cuidar de mi esposa y mis tres hijos'".[23]

El auge de la banda ciudadana británica (radioaficionados sin licencia) y el contrabando de diversas mercancías como drogas, armas y personas se tratará en los capítulos correspondientes. Aun así, recuerde que el negocio generado está libre de impuestos: "La Guardia Costera estima que entre 6 y 8 mil millones de dólares en hierba ilícita fue contrabandeada con éxito por barco a los Estados Unidos el año pasado".[24]

Eso es solo un producto y un método de envío. Y, aun así, "usted no ha visto nada todavía". Volvamos ahora al bloque oriental, al Pacto de Varsovia y a otras naciones que trabajan bajo el marxismo, el leninismo y sus variantes.

La Contraeconomía bajo el comunismo

Argentina, gobernada en su mayoría por una dictadura militar, parece tener una próspera Contraeconomía como hemos visto. ¿Hay una diferencia sustancial entre los regímenes "autoritarios" del estatismo de derecha y los regímenes "totalitarios" del estatismo de izquierda, al menos en esta materia? Un refugio de drogas como Colombia o Bolivia, plagado de corrupción, puede tener una Contraeconomía próspera, pero ¿qué pasa con los países del Tercer Mundo donde se han erradicado actividades criminales y han sido reformados por gobiernos marxistas-leninistas? Tal vez la pregunta más importante en esta área es: ¿puede el poder del Estado llegar a ser tan grande que la Contraeconomía, en lugar de crecer en respuesta, sea aplastada?

Vietnam podría responder a todas estas preguntas. Después de todo, ¿no hubo predicciones nefastas de catástrofe, más aún, de apocalipsis, cuando los estadounidenses de libre empresa fueron expulsados por los comunistas norvietnamitas? ¿Alguien que hace la distinción entre estados autoritarios y totalitarios niega que el Vietnam posterior a 1973 es este último? ¿No es el Vietnam tanto del "Tercer Mundo" como del "Segundo Mundo"?

En julio de 1976, este autor se percató de un informe sobre Vietnam y lo redactó de la siguiente manera. Dicho informe está impreso en su totalidad.

La "corrupción" que tanto empañó al régimen de Thieu-Ky y a los sargentos de Estados Unidos ha infectado al grupo de Lao Dong (Partido Comunista) en el Saigón "liberado", según el reportero Patrice de Beer en un artículo de dos partes en la edición semanal en inglés de *Le Monde*, el famoso diario francés.

"Ni un dólar ha caído en las arcas vacías de Saigón desde el 30 de abril de 1973, ni un saco de arroz americano ha venido a mitigar la escasez de la cosecha", informa Beer. En otra parte, él describe la escena en el Saigón actual.

"Sin embargo, las calles de la ciudad están abarrotadas de carros y bicicletas motorizadas. Multitudes de prostitutas ejercen su oficio en la vieja calle *To Do* y el mercado de los ladrones ofrece montones de equipos de música, ventiladores y otros artículos americanos traídos desde Dios sabe dónde. Incluso me demoré un cuarto de hora en un atasco de tráfico mientras intentaba salir de la ciudad".

Beer continúa describiendo el problema de la nueva sociedad: "Algunos miembros de la nueva clase dirigente (una fracción muy pequeña pero bastante visible, me aseguraron) están siguiendo los pasos de sus predecesores, proporcionando a las prostitutas una nueva clientela, especialmente en el céntrico Hotel Miramar, ocupado por personal directivo. Los camareros de los restaurantes lujosos se quejan de que los "bodoi" (soldados del Ejército Popular) no son buenos clientes porque no tienen dinero.

'Pero los "canbos" (personal directivo) son buenos clientes. Son ricos y dan grandes propinas'".

Ahora Beer describe lo que un libertario llamaría una auténtica Contraeconomía: "Se rumorea que los visados de salida valen cientos de dólares, la gasolina destinada a armas y al uso del gobierno encuentra su camino en el mercado negro, y se afirma que los funcionarios públicos o personas que se hacen pasar por funcionarios públicos solicitan sobornos de las familias para liberar a un marido o hermano enviado a un centro de reeducación. Algunos de los dirigentes viven en casas de campos requisadas, tienen carros, compran muebles, televisores y se dejan corromper por la vieja burguesía, que sabe que, a la larga su suerte está sellada, y por tanto no se siente inclinada a ser optimista. Aquellos que han decidido quedarse están gastando todo lo que tienen. Esto explica la gran demanda de restaurantes caros y la oleada de compras compulsivas, lo que está alimentando una reagudización inflacionaria".

Los estudiantes de economía austriaca sonreirán ante el giro de causa y efecto de Patrice de Beer en su análisis de la inflación, y observarán la descripción clásica de una "fuga hacia los bienes reales".

Beer continúa informando sobre los chismes crueles acerca de los "bodoi" y los "canbos", de la investigación por parte de los Lao Dong de las corrupciones y de la hostilidad entre los norteños y los sureños.

"En cuanto a los norteños, ellos están aturdidos al ver la aparente prosperidad del Sur, ya que se les ha dicho que a sus compatriotas les faltaba de todo".

"La desmovilización acaba de comenzar y a varios 'bodoi' se les han asignado trabajos en la economía. Todavía se les sigue pidiendo que hagan sacrificios para ayudar a sus 'hermanos del Sur', aunque ante sus ojos los survietnamitas no parecen sufrir una situación tan mala".

Siendo un país comunista, Vietnam tiene naturalmente un plan quinquenal. Pero suena extrañamente como algo de Ford o Carter: "La denominada política del sur de 'cinco sectores económicos' (estatal, cooperativo, mixto, capitalista y privado) debería continuar por algún tiempo más. Como destacó Nguyen Huu Tho, el Estado debe 'usar las cualidades del capitalismo y frenar sus tendencias negativas…' Añadió que era necesario ser 'flexible, muy realista, y ser capaz a veces de retroceder un poco'. Los principios no se podrían distorsionar más allá en una situación en la que oficialmente el país se dirige hacia una economía de tipo socialista. Cabe mencionar que incluso en el norte hay un sector privado activo denominado el 'sector secreto e ilegal'".[25]

Eso fue en 1976. Seguramente, eso fue demasiado cerca del final de la guerra con los Estados Unidos. Las cosas deben haber cambiado, digamos, ¿cuatro años después?

"La economía es estrictamente un mercado negro. Las tiendas privadas siguen abiertas, pero son lugares que huelen a humedad, llenos de platos baratos, imitación de laca y tratados políticos aburridos, todos a precios vergonzosos".

"También hay tiendas del gobierno donde los funcionarios públicos y los empleados de las empresas del gobierno compran sus provisiones mensuales de alimentos".

"Un trabajador tiene derecho a 13 kilos de arroz al mes, poco menos de una libra al día, y la balanza baja hasta el oficinista, a quien se le asigna menos de 100 gramos al día".

"Rara vez hay suficiente arroz para todos. También hay vegetales blandos y ocasionalmente un pedazo de cerdo o de carne". Se observa una escena miserable después de siete años de comunismo, como se predijo... excepto por una cosa.

"El mercado negro se llama Cho Troi o 'mercado del cielo' porque las mercancías se exhiben al aire libre. Aquí, en las calles laterales y en el mercado central con sus satélites por toda la ciudad, está la economía colectiva de la Ciudad Ho Chi Minh".

"Los precios son tremendos, pero el mercado es el único lugar donde se pueden conseguir artículos exóticos como hojas de afeitar, jabón que hace espuma, comida fresca, casetes y ropa decente".

"La gasolina a más de 15 dólares el galón debe ser la más cara del mundo. Esa pequeña hoja de afeitar cuesta 5 dólares y el altamente apreciado jabón de tocador americano de la marca Lux cuesta 11 dólares".

"En un lugar donde los salarios oficiales promedian menos de 100 dólares al mes, lujos como la electricidad y el teléfono se han convertido en virtuales objetos de curiosidad".

"El mercado negro prospera en el 'intershop' oficial, que está abierto a todos los extranjeros y acepta las principales monedas del mundo, pero no el dong vietnamita, que vale 43 centavos en la tasa oficial".[26]

Tal vez siete años después de la Revolución no sea suficiente. ¿Qué hay sobre la República Popular China, veintiún años después de su Revolución? "En una redada en Shanghái, la principal metrópoli de China, la policía ha arrestado a casi 200 contrabandistas en las últimas semanas y ha confiscado objetos de valor que van desde televisores y casetes hasta manuales de matrimonio y 'materiales pornográficos', informó el periódico de Shanghái *Wen Hui Bao*".[27]

¿Cómo se gestiona la Contraeconomía bajo condiciones de tan increíblemente hacinamiento? "La privacidad es inexistente aquí, por lo que incluso un negocio ilícito debe realizarse al aire libre, pero los contrabandistas son más sutiles que la mayoría. El otro día, en la concurrida carretera de Zhongshan, una enorme multitud de jóvenes rodeó a un anciano que tocaba una recién estrenada grabadora Sanyo. Escucharon un rato, y luego desaparecieron en un café de la calle. Un joven regresó, con la grabadora escondida bajo su brazo. Obviamente había cambiado de manos en el café".

"Otro mecanismo favorito consiste en que las personas que venden gafas de sol del extranjero conservan la etiqueta adhesiva extranjera en una lente, que certifica el lugar de origen. Las gafas de sol extranjeras, el último símbolo de estatus para los jóvenes de China, se venden en el mercado negro con enormes sobreprecios, normalmente 25 dólares por un par que cuesta 5 dólares en Hong Kong".[28]

La Contraeconomía china no está limitada ni en su alcance ni en su geografía. "Los bienes de consumo de alta calidad, disponibles aquí solo en pequeñas cantidades y bajo control gubernamental, representan la mayor parte del comercio ilícito, pero también hay artículos exóticos. Se ha atrapado allí a los contrabandistas por vender un manual sexual en chino, 'Una guía para un matrimonio feliz'. Y la heroína se introduce de contrabando en la provincia de Cantón desde Hong Kong".

"Las actividades del mercado negro crecen en esta ciudad exitosa y que sirve como modelo, donde 11,6 millones de personas parecen un poco más prósperas e indudablemente más elegantes que la mayoría de los chinos, pero los lugares más sobrios no son inmunes".

"En un intento hasta ahora fallido de detener el comercio ilegal en Beijing, tal vez la ciudad con mayor control de China, la policía capitalina ha allanado repetidamente el mercado negro de la calle Dongdon. Sin embargo, muchos domingos por la tarde, los jóvenes especuladores siguen reuniéndose en el mismo lugar, a menos de un kilómetro y medio del Ministerio de Seguridad Pública, para intercambiar bienes".[29]

Sin embargo, en lo que se refiere a la Contraeconomía, no todas las regiones de China son iguales (digamos que todas las regiones de los Estados Unidos, tampoco son iguales económicamente). Las áreas que limitan con los países "capitalistas" parecen, naturalmente, tener una mejor Contraeconomía, al menos en términos de disponibilidad de bienes. "Debido a que se encuentra al lado de la colonia británica de Hong Kong, la provincia de Cantón en el sur de China aparenta ser el punto de entrada de los bienes del mercado negro. También se jacta de tener lo que las fuentes chinas creen que es el mayor mercado negro de China, en Foshán, a 20 minutos en autobús de las afueras de Guangzhou".

"Foshán está muy bien dotada de relojes, radios, grabadoras, calculadoras, televisores y otros lujos, lo que representa un imán para la gente de toda China".

"Incluso los agentes de compras oficiales de las comunas rurales, con órdenes de comprar bienes escasos para uso colectivo, se dirigen a Foshán cuando se agotan las provisiones en las tiendas del gobierno".[30]

Probablemente, a estas alturas, se esperaría que la zona cercana a la República de China en Taiwán esté repleta de actividades de mercadeo. "Quanzhou, que se encuentra en la costa de la provincia de Fujian, frente a la isla de Taiwán (que está bajo el gobierno de los nacionalistas) está llena de vendedores que venden Dunhill, Viceroy y otros cigarrillos occidentales por un precio que va desde 65 centavos hasta 1,30 dólares el paquete. Ocupando ilegalmente las polvorientas carreteras, exhiben sus mercancías abiertamente, pero cierran el negocio y se van rápidamente cuando se les acercan las cámaras".

"Otros puestos de la acera muestran cintas grabadas por Teresa Teng, una cantante de baladas de Taiwán cuyas baladas románticas son éxitos en toda China, aunque nunca ha puesto un pie en el continente. Como la otra mercancía, las cintas fueron introducidas de contrabando desde Hong Kong. Así lo admitió un vendedor".[31]

El contrabando será tratado en un capítulo dentro de poco, pero hay un asunto que tenemos que comprobar. Después de todo, hay mucha más represión por parte de los comunistas antimercado que por los nacionalistas amantes de la libertad, ¿verdad? "Aunque se han hecho arrestos en ambos lados, los nacionalistas parecen estar mucho más preocupados que el gobierno de Pekín por detener el comercio. El mes pasado se organizó una fuerza de investigación especial en Taipéi para investigar las redes de contrabando, dijo un portavoz del gobierno, y se prevén más arrestos. Bajo la estricta ley marcial de Taiwán, comerciar con 'el enemigo', los comunistas, es un acto traidor que se castiga con largas penas de prisión".[32]

Si hay algún lugar en el que se puede eliminar completamente el libre fabricación japonesa".[35]

¿No existe el hambre en Nom Pen, evacuado por Pol Pot y reducido a un comunismo básico y primitivo? "En el viejo y bullicioso mercado de Nom Pen se puede, gracias a la incontrolable libre empresa, sentarse a comer un buen pato asado y verduras y obtener cerveza australiana o japonesa en lata, y arroz de ayuda internacional que se ha filtrado en el sistema".[36]

Por supuesto que hubo carencias en Camboya y muchas personas murieron. Pero la Contraeconomía sobrevivió y floreció. Y la Contraeconomía, no lo olvidemos nunca, es la acción humana, es decir, la acción de los humanos. Algunos en Camboya conservan su incentivo y producen contra las peores amenazas que un gobierno pueda manifestar y frente a todos los ejemplos de las amenazas de muerte perpetradas. Son esos empresarios especuladores, avaros, crueles, cobardes, codiciosos, que no se preocupan por sus compañeros, quienes, por lo visto, son los únicos que mantienen a Camboya a salvo de la hambruna total impuesta por los comunistas amantes de la gente de Pol Pot y su oponente igualmente comunista, Heng Samrin.

Quizás la ironía final es que no solo el mercado de la derecha tailandesa abastece a la Contraeconomía camboyana, sino también a la Contraeconomía de un aliado de Samrin: ¡el propio Vietnam! "Aunque la mayor parte del comercio es con Tailandia, también existe un importante comercio bilateral con Vietnam. Los bienes de consumo como el té, el jabón, la fruta y las piezas de bicicleta se dirigen a Camboya. Pero los vietnamitas, que a veces vienen en camiones para entregar ayuda, o suministros para sus fuerzas, también traen de vuelta los bienes tailandeses que compran a los camboyanos con oro".[37]

La Contraeconomía en el segundo mundo

Hay una última posibilidad que se debe excluir antes de concluir que la Contraeconomía no puede ser suprimida sino que se desarrollará bajo un estatismo aún mayor. Tal vez todos los Estados comunistas asiáticos o sudamericanos (cubanos) son demasiado nuevos, demasiado orientales (lo cual generalmente quiere decir propensos a la corrupción) o latinos, o simplemente demasiado débiles para alzarse en contra de la poderosa riqueza del capitalismo mundial. Si algún lugar responde a estas objeciones, son las naciones del Pacto de Varsovia, el bloque oriental, donde la Unión de Repúblicas Socialistas Soviéticas tiene mucha más influencia en en negocios secretos e ilegales de comida, para adquirir ropa de calidad o para reparaciones de la casa. De esta forma ellos engrasan las ruedas de la burocracia".[39]

En realidad, gran parte de la Contraeconomía de Oriente funciona como la de Europa Occidental descrita anteriormente: "El sistema implica segundos y terceros trabajos, muchos realizados para obtener la moneda occidental, que después puede ser utilizada para comprar bienes de lujo. En Hungría, Polonia y Checoslovaquia, la segunda economía se ha desarrollado y vuelto tan dominante que muchos trabajadores han llegado a dedicar más tiempo y energía a ese sector que a sus trabajos habituales".

"Los trabajadores de la construcción en Checoslovaquia y Hungría rara vez se encuentran en sus trabajos habituales después de la pausa del almuerzo de mediodía. Se van a su segundo o tercer trabajo".[40]

¿Quiere comprar un coche en Hungría, pero el Estado dice que no? "Un ama de llaves en el hotel Budapest dijo que, a pesar de las recientes medidas severas policiales, todavía podía pedir un nuevo modelo de automóvil de fabricación soviética marca Lada a un proveedor local clandestino, la entrega se hace en un mes, por un precio 50% más alto que el precio oficial. Se proporciona el total del dinero en efectivo en el momento de la entrega".

"Su proveedor, a quien presentó prudentemente a un corresponsal occidental, dijo que el sistema funcionaba con la complicidad de los comerciantes oficiales. Encuentran clientes que han estado en una lista de espera durante dos o tres años, pero que están dispuestos, por un precio, a renunciar a su nuevo carro y comenzar la espera de nuevo".[41]

Algunos contraeconomistas orientales parecen hacerlo mejor que los trabajadores del 'mundo libre', venciendo la inflación. "Cuando los precios al consumidor subieron un 50% o más en Hungría este verano, un carpintero de una fábrica de tractores dijo que podía sobrellevarlo fácilmente. Su salario subió menos del 10%, pero sus honorarios por el fino trabajo de ebanistería que realiza por las noches y los fines de semana se duplicaron".[42]

Los húngaros tienen sus trabajadores emprendedores, sus *travail noir* y *schwarzarbeiters*. "También están los 'gorriones', un término usado en Hungría para los trabajadores altamente cualificados que van de un trabajo a otro, aumentando sus salarios en incrementos constantes a medida que la demanda cambia de una empresa a otra".[43]

Y en la educación competitiva, dependiendo de la Contraeconomía, los habitantes del este pueden estar por delante de los occidentales. "En Polonia se ha tomado una nueva dimensión, con 'las mejores escuelas secundarias de élite' que difunden materias prohibidas. Estas van desde el dominio del terror del líder de la era estalinista de Polonia, Boleslaw Bierat, hasta la economía de Milton Friedman y Paul A. Samuelson"[44]. Como siempre, nos preguntamos cómo funciona.

Aunque tales conferencias pueden llegar solo a unos pocos miles de los 100 000 o más estudiantes universitarios de Polonia, la influencia de estas ideas es mucho más amplia. Varios mujeres y hombres jóvenes grabaron una conferencia de un historiador clandestino, Adam Michnik, en un apartamento de los suburbios de Varsovia que había quedado a oscuras.

"'Mis compañeros de cuarto están demasiado asustados para venir', dijo uno de ellos. 'Pero quieren oírlo, así que lo grabo y lo escuchan después'".[45]

¿Por qué y cómo puede la Madre Rusia permitir esta incontrolada libre empresa en sus satélites estrechamente vigilados? ¿O es que la Contraeconomía también ha encallado en el más recóndito del Telón de Acero? Esa historia merece un capítulo en sí misma.

Notas a pie de página:

1. La economía subterránea: Cómo 20 millones de estadounidenses engañan al Tío Sam en miles de millones de impuestos. (1979, 22 de octubre). U.S. News & World Report, p. 53. [The underground economy: How 20 million Americans cheat Uncle Sam out of billions in taxes. (1979, October 22). U.S. News & World Report, p. 53].
2. Ibid.
3. Ibid.
4. Ibid.
5. Ibid.
6. Böhm-Bawerk, E. V. (1890) Capital e Intereses. Nueva York: Macmillan
7. [Böhm-Bawerk, E. V. (1890) Capital and Interest. New York: Macmillan].
8. Amiel, B. (1981, 13 de julio). El sutil arte de la desobediencia. Macleans 94(28), p. 52. [Amiel, B. (1981, July 13). The subtle art of disobedience. Macleans 94(28), p. 52].
9. U.S. News & World Report, op. cit., p. 53.
10. Ibid.
11. Ibid., p. 54.
12. Ibid.
13. Ibid.
14. 13. Ibid.
15. Ibid.
16. Ibid.
17. Ibid.
18. Ibid.
19. Ibid.
20. Ibid.

21. Ibid.
22. Hoagland, J. (1977, 18 de septiembre). Marea europea de "trabajo en negro". Manchester Guardian Weekly, sección del Washington Post.
23. [Hoagland, J. (1977, September 18). European tide of "black labour." Manchester Guardian Weekly, Washington Post section].
24. Ibid.
25. 23. Ibid.
26. La guerra de contrabando de marihuana se está enardeciendo en alta mar. (1981, 5 de enero). Zodiac News Service. [The marijuana smuggling war is heating up on the high seas. (1981, January 5). Zodiac News Service].
27. La Contraeconomía en Vietnam prospera. (1978, 1º de agosto). New Libertarian Weekly 3(34), pp. 1,4. [Counter-economy in Viet Nam thrives. (1978, August 1). New Libertarian Weekly 3(34), pp. 1,4].
28. Los Angeles Times, miércoles 23 de julio de 1980, Parte IA, p. 5.
29. [Los Angeles Times, Wednesday, July 23, 1980, Part IA, page 5].
30. Mathews, L. (1980, 7 de junio). Los traficantes y contrabandistas se mueven en el momento en que China abre la puerta comercial al mundo. Los Angeles Times, parte I, 6-7. (El titular es inexacto, ya que el artículo prueba que existe un mercado negro, no que se haya movido de ningún lado).
31. Mathews, L. (1980, June 7). Black marketeers, smugglers move in as China opens trade door to the world. Los Angeles Times, Part I, 6-7. (The headline is inaccurate as the article proves that there is a black market, not that it moved in from anywhere).
32. Ibid.
33. Ibid.
34. Ibid.
35. Ibid.
36. Mathews, L. (s.f., c. 1980) China y Taiwán toman medidas severas contra los contrabandistas. Los Angeles Times. [Mathews, L. (n.d., c. 1980) China, Taiwan crack down on smugglers. Los Angeles Times].
37. Gray, D. D. (1980, 13 de abril). La red del mercado negro canaliza los bienes de consumo hacia Camboya. Santa Ana Register, p. D15. [Gray, D. D. (1980, April 13). Black market net funnels consumer goods to Cambodia. Santa Ana Register, p. D15].
38. Ibid.
39. Ibid.
40. Ibid.
41. Ibid.
42. El libre mercado resquebraja los regímenes rojos. (1976, 25 de julio). New Libertarian Weekly 3(33), p. 1. 39. Masterman, S., y Koene, A. (1981, 24 de agosto). Una nación se embarcó en un viaje peligroso: Con reminiscencias inquietantes de Polonia, la creciente tensión amenaza al opresivo régimen de Ceausescu. Macleans 94(34), p. 11.
43. 39. [Free market cracks red regimes. (1976, July 25). New Libertarian Weekly 3(33), p. 1. 39. Masterman, S., and Koene, A. (1981, August 24). A nation embarked on a perilous ride: Eerily reminiscent of Poland, growing tension threatens the oppressive Ceausescu regime. Macleans 94(34), p. 11].
44. La segunda sociedad crece en Europa. (1979, 2 de noviembre). New York Times. [Second society grows in Europe. (1979, November 2). New York Times].
45. Ibid.
46. Ibid.
47. 43. Ibid.
48. Ibid.
49. Ibid.

III. Contraeconomía soviética

Una premisa importante de la teoría contraeconómica es la siguiente: mientras más fuerte sea la intervención del gobierno en la economía, mayor es la Contraeconomía. De hecho, a medida que hemos pasado de los "gobiernos limitados" de América del Norte a las "economías mixtas" del resto del mundo, la actividad contraeconómica no ha retrocedido en lo absoluto. Además, la Contraeconomía predice que los Estados totalitarios deben dirigir casi toda la actividad económica fuera del área sancionada por el Estado, de hecho, abarca toda la acción humana no política e incluso gran parte de la actividad política. Por lo tanto, una prueba positiva de nuestra teoría sería examinar un Estado totalitario con cierto detalle y observar el grado de actividad contraeconómica.

Se necesita una pequeña explicación, aunque veremos que apenas se necesita para nuestra prueba. La teoría económica que forma el nivel más básico de nuestra comprensión predice que ningún Estado puede lograr el control totalitario. De hecho, la Contraeconomía fue descubierta por este autor cuando seguí esa idea para llegar a otras conclusiones. Pero en realidad todos los llamados Estados totalitarios (el Tercer Reich, la Rusia Soviética, la República Popular China, incluso Camboya) permitieron y siguen permitiendo la existencia de cierta propiedad "privada" y de cierta libertad de comercio.

No obstante, la mayoría de los observadores admitirán que, por ejemplo, existe una intervención estatal más significativa en la Unión de Repúblicas Socialistas Soviéticas que en los Estados Unidos. Por lo tanto, también debería de existir una presencia más importante de la Contraeconomía.

Trabajaremos con más detalle este punto. El conservadurismo americano predice que el espíritu empresarial debe ser casi extinguido bajo un Estado comunista totalitario, excepto por unos pocos contrabandistas de la Biblia. El liberalismo y el socialismo democrático podrían predecir cierta resistencia al comunismo, pero esta adoptaría la forma de disidentes intelectuales y sindicatos clandestinos que surgirían en organizaciones como la "Carta 77" y "Solidaridad". Incluso lo que hoy en día se considera libertario predice menos, en lugar de más, actividad de "libre mercado" en la sombría URSS que en los Estados Unidos considerado como un país relativamente progresista. Por lo tanto, si la Contraeconomía contradice todas las predicciones de estas ideologías, y lo hace, es necesario tomar una rápida decisión científica con respecto a su validez.

¿Qué dice la realidad? Hemos visto un fuerte indicio en nuestro último capítulo al observar Europa del Este, China e Indochina, pero necesitamos una mirada mucho más profunda y detallada en uno de esos países. Y si la Contraeconomía está en expansión en la Unión Soviética, el "caso más difícil" para nuestra teoría, entonces ¿dónde están los millonarios? Excepto por uno o dos comisarios políticos corruptos (incluso la línea del Partido Comunista permitirá tal imperfección), ¿quién ha oído hablar de los millonarios cerdos capitalistas rusos en los años ochenta?

Considere esto: "Hace unas semanas el Manchester Guardian Weekly informó que varios millonarios contraeconómicos fueron arrestados en sus centros turísticos y dachas del Mar Negro. Casi todos los funcionarios del gobierno de Armenia también fueron detenidos y destruidos por el Partido Comunista, y denunciados por la prensa. Los burócratas armenios habían estado involucrados en una gran "red" de mercado negro y gris. (Armenia tenía una reglamentación más laxa y allí se permitía más la propiedad privada que en Rusia.)".[1]

Se puede argumentar que Armenia no es Rusia propiamente dicha, aunque sea una "República Socialista Soviética". Aunque también es cierto que los contraeconomistas armenios fueron arrestados. ¿Qué hay de la vecina Georgia?

"El mercado paralelo representa una enorme estructura económica, simultáneamente independiente y asociada a la economía oficial soviética. Este sector privado ahonda en todos los segmentos de la sociedad soviética. Las personas activas en el mercado paralelo varían, desde insignificantes especuladores que venden ropa de moda hasta personas de verdadera influencia y riqueza, como el famoso capitalista clandestino georgiano Laziashvily, cuyas conexiones incluyen muchos altos funcionarios".[2]

¿Qué hay de la propia Rusia? "Recuerdo particularmente a un cliente muy vivaz, Abram Aizenberg, un hombre importante cuyo recorrido expresaba autoconfianza. Tenía unos setenta años y era dueño de dos fábricas de calcetines y ropa interior que le proporcionaban unos ingresos anuales de varios cientos de miles de rublos. A lo largo de los años había acumulado un capital que los investigadores estimaron en 3 millones de rublos".[3]

"Después de la Segunda Guerra Mundial, los tres hermanos Glazenberg fueron desmovilizados, regresaron a Moscú, y pronto se dieron cuenta de que no podían considerar el hecho de ser veteranos como un elemento que los ayudase a encontrar un buen trabajo: eran judíos y eran excluidos de todos los puestos destacados en el partido y el aparato estatal. Incluso los ingenieros judíos tuvieron dificultades para encontrar empleo en la industria". Aunque algunos pueden cuestionar la pureza étnica de los empresarios en cuestión, nuestro reportero ruso habla en este caso de Moscú.

"Los hermanos Glazenberg se involucraron en un negocio clandestino. Al ser dados de baja del ejército, cada uno de ellos recibió la gran suma concedida a los oficiales desmovilizados, unos 5000 rublos de hoy, y adquirieron un único taller en una fábrica para producir bolsas de compras de cuero artificial".

"Resultaron ser talentosos hombres de negocios, y en unos pocos años su compañía poseía al menos diez fábricas que elaboraban cuero artificial, productos hechos de cuero artificial, y todo tipo de productos de fibra sintética".

Por supuesto, el conocimiento de sus actividades proviene de su exposición pública, arresto y acusación. "Una empresa que opera a tan gran escala no podía escapar a la atención del Departamento contra la Apropiación Indebida de la Propiedad Socialista (*Department for Combatting Misappropriation of Socialist Property: DCMSP*) de Moscú, la sección de la policía soviética encargada de luchar contra los delitos económicos. De hecho, el DCMSP, con su bien desarrollada red de informantes secretos, mantuvo un expediente especial sobre la compañía de los Glazenbergs".[4]

¿En primer lugar, cómo lograron estos empresarios rusos sobrevivir tanto tiempo con éxito? "Durante un tiempo, esto no inhibió a los ocupados empresarios, ya que estaban pagando a las personas más importantes del DCMSP, ofreciendo una recompensa mensual que se ubicaba entre 5000 y 10 000 rublos". ¿Y cómo los atraparon? "Un día, sin embargo, un oficial de bajo rango del DCMSP filtró la historia a un conocido reportero del periódico ruso *Izvestia*, que comenzó a escrudiñar el material sobre la compañía de los hermanos. En estas circunstancias los jefes del DCMSP no pudieron hacer nada para salvar a los Glazenbergs, más allá de advertirles inmediatamente del peligro inminente, para que tuvieran tiempo de ocultar su dinero y objetos de valor".

Entonces, ¿cómo trató la inflexible, inhumana e infame policía secreta soviética a estos capitalistas mimados y excesivamente ricos? "Sacudido por las presiones contrarias, un alto funcionario del DCMSP decidió, al estilo salomónico soviético, que: 1) el expediente incriminatorio desaparecería de los archivos del DCMSP y 2) el hermano menor Glazenberg, Lazar, tendría que ser sacrificado, al menos en parte por su estilo de vida de playboy, reflejado en sus dos docenas de trajes y en el vestuario de su esposa, una bailarina del teatro Bolshói".

Se supone, en este punto, que las masas proletarias denigrarían o simplemente ignorarían a este burgués expuesto. "El primer día del juicio de Lazar, la sala estaba llena de testigos curiosos, deseosos de ver a un millonario. Lo que vieron fue un hombre alto de unos cuarenta años con rasgos atractivos y una melena de pelo completamente canosa. Lazar Glazenberg caminaba como se supone que deben hacerlo los prisioneros, entre dos escoltas, con las manos dobladas en la espalda cojeando debido a la pierna artificial que reemplazó la extremidad que había perdido en la guerra. Pero saludó con simpatía a los amigos y familiares de la multitud".

Sin embargo, como todos han acordado, la URSS es una sociedad particularmente intervencionista y represiva. Nuestro Horatio Algerov fue sentenciado y fusilado, ¿no? "Tres meses más tarde salió de la sala con la misma calma, después de escuchar su sentencia: quince años en campos de régimen estricto". Este es el hogar de los juicios de purga de Stalin, donde los altos funcionarios comunistas, la nueva aristocracia rusa, son regularmente reunidos y fusilados.

Un empresario más fuerte podría haber sobrevivido y haberse considerado a sí mismo como alguien que va a ganar. Desgraciadamente, Lazar Glazenberg había "servido a su país" con una extremidad en la defensa de la Madre Patria. "Es casi imposible que una persona con una pierna sobreviva quince años en un campamento así. Murió siete años después de su juicio". [5] Antes de que busque el pañuelo por esta típica e irónica tragedia rusa, recuerde que el resto de la familia se escapó con sus riquezas y obviamente con suficiente capital para seguir adelante.

¿Entonces los Glazenbergs fueron un ejemplo aislado? Incluso si se asume que la mayoría no son capturados ni reportados, aun así, hubo muchos que lo fueron. Es decir, existen muchos más en el sitio de donde ellos vinieron.

"Entre otras importantes empresas familiares clandestinas, el clan Bach ocupaba un lugar destacado en Moscú, tanto por la escala de sus actividades como por la cantidad de sus activos. El miembro más antiguo y jefe del clan era Isaak Bach".[6]

El marxismo afirma que todo lo que tienen que hacer los representantes del proletariado es liquidar a la clase explotadora para liberarse de ellos. "Aquí estaba un hombre de negocios de la vieja generación: antes de la Revolución, había disfrutado la felicidad del comercio legal en la empresa de su padre. Durante la nueva política económica después de la Revolución, cuando se permitió la empresa privada por un corto tiempo, sus habilidades comerciales se desarrollaron completamente. Los enseres y tiendas de ropa interior femenina de Bach e Hijos se ubicaban entonces en la calle Kuznetsky Most de Moscú, en medio de las tiendas más caras y de moda de la ciudad. Pero pronto la nueva política económica liquidó la empresa, confiscando su mercancía y enviando a sus directivos a los campos de las islas Solovetsky".

Ese sería el fin de los incentivos y el capital de Bach, ¿verdad? "Cuando Bach regresó de los campos a mediados de 1930, comenzó a crear una nueva empresa familiar, esta vez, ilegal. A finales de 1940, Isaak Bach, nominalmente un humilde supervisor de taller en una fábrica de cremalleras e imperdibles con un salario mensual de 160 rublos, era en realidad el jefe de una compañía que poseía al menos una docena de fábricas cuya producción incluía ropa interior, recuerdos y enseres, y que gestionaba una red de tiendas en todas las repúblicas de la Unión Soviética. Tenía activos valorados por el experto de la fiscalía en aproximadamente 87 millones de rublos".[7]

Es evidente que los millonarios rusos no son escasos. De hecho, como los jugadores de póquer, podemos "ver los 87 millones" y "subir a 200 millones", superando el ejemplo con el ejemplo.

"En la década de 1960, dos miembros de la generación más joven de ese clan, Boris Roifman y su primo Peter Order, fueron capturados por la KGB. Ambos habían estado en el negocio clandestino durante aproximadamente diez años. Uno entregó a las autoridades objetos de valor cuyo costo era de unos 200 millones de rublos, y el otro alrededor de tres cuartos de esa cantidad". ¿Ver y recaudar los 200 millones? "Si tres miembros comparativamente jóvenes del clan Roifman habían acumulado 350 millones de rublos, ¿a cuánto podría ascender la fortuna de toda la familia, después de décadas en el negocio?"[8].

Estos barones del robo en Rusia de la década de 1960 tampoco carecían de estilo o garbo en comparación con sus antepasados estadounidenses de 1880. "El jefe de investigación de la Oficina Central de la KGB preguntó al más rico de los dos: '¿Para qué necesitabas 200 millones de rublos?'. Peter Order respondió con una muestra de fanfarronada, '¡Solo 200 millones! Yo quería ganar 220 millones, un rublo por cada ciudadano soviético'".[9]

Volveremos a los millonarios rusos más tarde, y cómo se las arreglan para deshacerse de sus ingresos. La verdadera pregunta para un economista (contraeconomista o de otro tipo) es ¿dónde encuentran su mercado?

El verdadero mercado ruso

La Contraeconomía se desarrolla en América del Norte sobre todo en las zonas de la "fruta prohibida" y en las que se cobran impuestos excesivos. En Europa y Asia también podemos añadir el vencimiento de la restricción del comercio de bienes extranjeros que en otras circunstancias serían legítimos, el proteccionismo y su complemento, el contrabando. Pero en el Segundo Mundo de los Estados comunistas, surgen otras dos fuentes: la calidad y la fiabilidad de los bienes de consumo que se comercian en el mercado negro y su disponibilidad, algo que la mayoría de los norteamericanos dan por sentado.

"El mercado paralelo no solo ofrece mejores prendas de vestir, generalmente de fabricación extranjera o ediciones raras de autores populares, sino que también proporciona a los ciudadanos soviéticos con capacidad adquisitiva mejor atención médica, mejor educación y formación, mejores vacaciones, mejor decoración interior de sus apartamentos, mejores instalaciones para el cuidado de los niños, mejor transporte, incluso papeles de identificación, diplomas y otros documentos. Más aún, no solo los particulares sino también las empresas, organismos y granjas colectivas gubernamentales utilizan con frecuencia los servicios del mercado paralelo en sus esfuerzos por obtener equipo, piezas de repuesto, mano de obra y conocimientos profesionales".[10]

Considere el problema de conducir un automóvil como ocurre en la URSS. Recuerde, mientras lee la siguiente descripción, que en primer lugar los autos son escasos y probablemente se requiera un soborno para obtenerlos. Ahora intente conducirlo sin la Contraeconomía.

"Hay una escasez de estaciones de servicio en la Unión Soviética y las que existen no tienen repuestos. Un amigo mío pasó un mes intentando comprar un parabrisas para su Moskvitch. Todo fue en vano".

A diferencia de la policía, normalmente hay un contraeconomista disponible cuando se necesita uno. "Finalmente él llegó a una pequeña calle, cerca de una planta de automóviles en Moscú, donde se le acercó alguien que se presentó como trabajador de esta planta y prometió entregar el parabrisas el mismo día por una compensación razonable, incluso menos que el precio oficial. No hace falta decir que el trabajador cumplió su promesa".[11]

También se obtiene lo que se paga en la Contraeconomía, por lo que la fiabilidad es importante para atraer a los consumidores. (Por supuesto, los gobiernos de todos los países gastan fortunas en propaganda para convencerlo de la falta de fiabilidad de los contrabandistas y de la confiabilidad infalible de los servicios gubernamentales). Los ejemplos abundan aquí. "El propietario de un carro en Armavir, en el sur de Rusia, envió una carta a una revista de conductores, informando que se le negó ayuda en una estación de servicio. 'Pero entonces, un trabajador que estaba cerca intervino en la conversación y dijo que lo trajera, que lo arreglaría rápidamente'. Y el mecánico 'estafador' realizó el trabajo al instante, valorándolo en seis rublos. 'Cinco rublos para mí, y uno para la caja'".[12] Seis rublos serían baratos en un taller de Estados Unidos.

En otra ocasión: "Otro conductor, de la ciudad de Eupatoria, en Crimea, se quejó de que, aunque estacionó su carro primero en la estación de servicio, los empleados no le prestaron atención y empezaron a inspeccionar otros automóviles que llegaron más tarde, presumiblemente porque sus conductores habían prometido buenas propinas. Sus protestas no ayudaron y según la carta de este cliente, las cosas que vio y oyó allí le hicieron preguntarse si se refería a una empresa estatal o privada".[13]

Obviamente fue el último. Algunos pueden encontrar alentador que exista un paraíso donde las masas sepan cómo despreciar a un respetuoso de la ley económica... aunque Rusia puede no haber estado donde pensaban buscarlo. Pero un punto importante en el primer ejemplo se pierde si se ignora la necesidad de conducir el negocio de forma contraeconómica.

"Miles de ejecutivos de negocios han sido encarcelados por supuestas violaciones de la legislación soviética. Muchos de estos juicios le parecerían bastante extraños a un extranjero. El hecho es que, en muchos de esos casos, ni siquiera la fiscalía insistió en que los acusados se llevaran un centavo para ellos mismos. Los acusados robaban, vendían en el mercado paralelo y compraban bienes robados, no para hacer una fortuna, sino solo para obtener los suministros necesarios para sus empresas y granjas colectivas".[14]

Esa última declaración, sin duda, es devastadora. Si esto es cierto, la realidad del mercado ha destrozado la fachada del comunismo, como le gusta expresarlo a los marxistas, de manera objetiva. Y esta realidad penetra hasta en los más mínimos detalles.

"Literaturnya Gazeta habla de dos directores de granjas colectivas, declarados culpables por comprar propiedad robada a ladrones. Uno compró desesperadamente tuberías necesarias para un cobertizo del personal, el otro, cajas para empacar manzanas. Significativamente, no existió beneficio personal en ninguno de los dos casos. Ambos directores de granjas colectivas, presumiblemente, no tuvieron la posibilidad de conseguir tuberías y cajas a través de los canales normales de suministro del estado. Uno de estos directores preguntó más tarde, desesperado: ¿qué es más criminal, pagar miles de rublos a los ladrones o perder una cosecha? Esta fue la verdadera alternativa a la que se enfrentó".[15]

En una confrontación entre las fuerzas objetivas del mercado y las fuerzas subjetivas de la ideología estatista, la primera es tan inexorable como las "fuerzas de la historia" se supone son para un marxista. "Había una carnicería cerca de un lugar donde yo vivía en Moscú. Durante muchos años, esta tienda fue conocida por poseer una elección de carne buena e inusual. Pero, de repente, los filetes, las piernas de cordero y otros artículos excepcionales desaparecieron. Los vendedores contaron la historia de un antiguo director, un judío sin educación secundaria pero razonable y adaptado a las reglas no oficiales del comercio soviético, que fue reemplazado por una persona graduada del Instituto Económico de Plekhanov. El nuevo director declaró que no toleraría ninguna violación de la ley en su tienda. Se negó a sobornar a los funcionarios de los almacenes del distrito y, en consecuencia, los suministros de carne fueron casi interrumpidos. Los vendedores ya no podían ganarse el sustento cobrando honorarios a clientes agradecidos para los que solían guardar buenos trozos de carne. Anteriormente, habían compartido sus ingresos clandestinos con el anterior director, proporcionándole las muy necesarias reservas de dinero no registradas. Ahora la práctica se detuvo. Pero, sin dinero en efectivo, el director no podía pagar a los camioneros por descargar sus camiones y los conductores se negaron a hacerlo gratis".

Y así el mercado respondió a los pronunciamientos ideológicos del director.

"Tanto los camioneros como los vendedores, enojados por las nuevas regulaciones, comenzaron a quejarse al comité del partido del distrito. El antiguo director se encargaría fácilmente de tales cargos, simplemente sobornando a los funcionarios del comité de distrito. Pero el nuevo se encontró en un verdadero problema. Además, sin suministros de buena carne, su tienda no cumplía con el plan. Todo el mundo estaba seguro de que, pronto, el director sería despedido". ¿Un final feliz para este cuento? "Pero esto no sucedió. Al contrario, los filetes, corderos y perdices reaparecieron en la tienda. No había necesidad de preguntar cómo sucedió. Estaba claro que el joven economista finalmente aprendió las verdaderas reglas del comercio soviético que no le habían enseñado en el Instituto Plekhanov".[16]

¿Cómo se hace?

El más simple de los estudios económicos nos informa que se necesitan clientes, mano de obra y bienes de capital. Se puede usar su propia mano de obra, tomar los bienes disponibles, digamos, en la fábrica donde aparentemente se trabaja, y encontrar clientes entre los transeúntes, familiares y amigos. Esto se hace en la Unión Soviética, como en todas partes. Pero los casos más interesantes, que documentan la actividad de la Contraeconomía a gran escala, se necesitan redes de distribución, trabajadores contratados, y el comercio con otros para los bienes de capital (producción). ¿Cómo se hace eso en Rusia hoy en día?

Se puede comprar un negocio existente, pero incluso eso no es simple "cuando los propietarios-vendedores no tienen derechos en la ley".[17] En realidad, se compra una red de conexiones y la confianza de esos contraeconomistas. Pero esto se puede hacer y efectivamente se lleva a cabo con la aceptación importante de un riesgo razonable.

"El posible comprador obviamente no tiene forma de evaluar previamente la producción, ventas o ingresos potenciales de la empresa. La compra y venta de empresas clandestinas solo puede tener éxito en una atmósfera de completa confianza entre todas las partes y en el respeto de las leyes no escritas del entorno. En esta atmósfera, el comprador entrega al vendedor, sin recibo ni testigos, decenas, a menudo cientos, de miles de rublos. En caso de que las partes no confíen entre sí, el dinero se transfiere a un tercero en el que confían ambos mandantes, y este lo transfiere al vendedor solo cuando se han cumplido todas las condiciones de la venta".[18]

Quienes conocen, aunque sea superficialmente, los negocios occidentales pueden constatar que, salvo el aumento del riesgo de un Estado hostil, el método es similar al que se practica en Occidente. De hecho, todas las actividades económicas pueden practicarse utilizando la Contraeconomía cuando los riesgos son aceptables.

La fascinación de la Contraeconomía, además de la que surge de su naturaleza más libre que la de los negocios aprobados, regulados y controlados, proviene de la modificación de las prácticas comerciales estándar, cualesquiera que sean, ya que cambian en el tiempo y en el espacio. Como hemos visto y veremos, es muy posible que las modificaciones para reducir el riesgo o incluso las violaciones directas a la ley sean más baratas, mucho más baratas, que la sumisión y el cumplimiento. Las implicaciones de esto se tratarán al final del libro.

Profundizar en la maquinaria interna de los negocios contraeconómicos a gran escala es difícil. Los existentes tienen pocos incentivos para "quedar al descubierto", incluso en las publicaciones occidentales, que, después de todo, están fácilmente disponibles y son examinados por la KGB, si no por el DCMSP. Pero el caso de Lazar Glazenberg reveló el funcionamiento de esa operación de mediana magnitud que, aunque finalmente se rompió, funcionó con éxito durante mucho tiempo. Por cierto, los hermanos Glazenberg incluso tenían una junta directiva.[19]

Aquí presentamos el acontecimiento con amplios detalles, ya que lo fundamental de nuestro caso es demostrar cómo funcionó:

"La posición de los oficiales responsables de las fábricas que albergaban las empresas de los Glazenbergs era inusual: ellos no ejercían ningún control sobre la producción y las actividades económicas de sus empresas. Este control era asumido por los Glazenbergs o sus directores designados. Las funciones de los directores oficiales eran puramente decorativas y se reducían al contacto con los órganos del partido y del Estado. A través de agentes de confianza, los Glazenberg les pagaban normalmente de 500 a 1000 rublos al mes, dependiendo del tamaño de la empresa y la utilidad del director. Una de sus operaciones se llevaba a cabo bajo la cobertura de la Compañía de Artículos Deportivos para Pescadores y Deportistas en Moscú, y pagaban a su director 1500 rublos al mes porque tenía el importante título de Héroe de la Unión Soviética".[20]

Demasiado para los "jefes". ¿Qué hay de la clase trabajadora? "Obviamente, la complicidad de muchos obreros también es necesaria en la fabricación de productos no autorizados. Es casi imposible reclutar a toda una fuerza de trabajo sobre la base de una confianza total, pero el sistema de Glazenberg elaboró sus propios incentivos. Los trabajadores sabían muy bien que los bienes que se producían estaban fuera de los libros, pero estaban interesados en la cantidad de dinero extra pagada por la producción no autorizada, más alta que las tasas oficiales y no sujeta a impuestos".[21]

¿Y qué hay de los bienes de capital necesarios? "Los hermanos Glazenberg cooperaron con otros negocios clandestinos: cierres para bolsos, botones para chaquetas de cuero y etiquetas, todos fueron fabricados según sus especificaciones por empresas clandestinas en Moscú, Vilna y Riga. Pero la principal fuente de materiales, y aquí los Glazenbergs no eran diferentes de otras empresas clandestinas, era la propia fábrica: materiales guardados de los que la fábrica recibía para su producción oficial, es decir, materiales robados del Estado".[22]

El Estado soviético estaba particularmente interesado en este supuesto robo, después de todo, en este caso se utilizan medios notablemente similares, moralmente hablando, para adquirir esos bienes en primer lugar (como lo hacen todos los Estados). Podemos agradecer al diligente fiscal por el resto de nuestra información.

"La cantidad de mercancía que no se encuentra registrada en los libros y producida de estos materiales 'guardados' provocó los principales debates entre la acusación y la defensa durante el juicio. El punto era vital para los acusados, ya que la cantidad de materiales guardados para la producción no autorizada determinaría la gravedad de los juicios en su contra, desde quince años de prisión hasta la muerte".

"La fiscalía pudo demostrar que las reservas se prepararon con antelación para obtener excedentes secretos. En las etapas de planificación de la elaboración de un nuevo producto, los Glazenbergs negociaban con las personas de los laboratorios o institutos responsables de fijar las normas de la fábrica para los nuevos materiales necesarios, así como para el despilfarro autorizado. A cambio de grandes sobornos, estos técnicos inflaron deliberadamente las normas de uso y desperdicio, permitiendo así la creación de enormes excedentes para la fabricación de mercancías que no estaba registrada en los libros".

"Durante el proceso de fabricación se hicieron otros tipos de economías secretas. Testigos expertos declararon en el tribunal que habían medido abrigos y chaquetas legalmente elaborados en la fábrica, y que las medidas no concordaban con las tallas de las etiquetas, porque los cortadores de la fábrica habían reducido el tamaño de cada pieza del patrón. Los químicos testificaron que habían analizado el cuero artificial producido legalmente por la fábrica de Glazenberg: las cantidades de tintes y otros ingredientes no cumplían con las especificaciones oficiales".[23]

Finalmente, sigamos con los Glazenbergs un poco más y resolvamos el último y crucial problema: la distribución.

"Se podría pensar que, en un país como la Unión Soviética, en el que el comercio y los niveles de venta al mayor y al menor son un monopolio estatal, la comercialización a gran escala de la mercancía no autorizada simplemente no sería factible. Los Glazenbergs demostraron lo contrario. Cuando los hermanos empezaron en el negocio y su único producto eran las bolsas de la compra, fue fácil resolver el problema de cómo vender las bolsas de fabricación no autorizada. Los jefes de las tiendas que vendían la producción de la fábrica estaban muy dispuestos a aceptar para la venta una cierta cantidad de bolsas producidas ilegalmente también. De las ganancias, un tercio fue para los empleados de la tienda, dos tercios para los Glazenbergs".

"A medida que el negocio crecía y la gama de su mercancía se ampliaba, los puntos de venta de los Glazenbergs también tenían que crecer. A través de amigos y conexiones familiares, añadieron a su red tiendas que no habían sido abastecidas con la mercancía oficial de su fábrica. Con el tiempo, incluso esta red de minoristas resultó ser demasiado pequeña para el imperio de Glazenberg. Así que se estableció un grupo especial de comercialización para viajar por el país y rápidamente organizar puntos de venta en 64 ciudades y regiones".[24]

Contrarreacción a la Contraeconomía

"El régimen soviético apenas puede sentirse cómodo con la enorme escala de las actividades del mercado paralelo. En primer lugar, un estado totalitario, por su propia naturaleza, no puede apreciar ninguna iniciativa procedente del exterior del sistema institucional. Dicho Estado aprecia tales iniciativas como una amenaza a su control sobre la economía y el pueblo. A un Estado totalitario no le gusta que algunos de sus ciudadanos se vuelvan, al menos en parte, financieramente independientes del régimen, cuando sus fortunas no dependen totalmente del Estado".[25]

Omitir las palabras "soviético" y "totalitario" en el párrafo anterior no cambia nada. Ningún Estado aprecia la iniciativa de sus ciudadanos fuera de su control. Vea los capítulos uno y dos en primer lugar. Lo que es significativo aquí es la impotencia del Estado ante la actividad contraeconómica y la potencia de los individuos. No se trata solo del "poder para el pueblo" sino del poder para el individuo.

Y la expresión más totalitaria del colectivismo no puede vencerlo. Peor aún, la Contraeconomía corroe, corrompe, separa y finalmente destruye al Estado. Además de ganarse a sus ciudadanos y restablecer los "bienes públicos" (saqueo fiscal) al "sector privado", "El mercado negro también causa graves distorsiones económicas e interfiere en los planes económicos oficiales. Desde el punto de vista de los organismos económicos gubernamentales, el equipo y los suministros que se obtienen en el mercado paralelo por algunos gerentes vigorosos, podrían necesitarse más y podrían ser utilizados de forma más eficaz por otras sociedades y empresas".[26] Pero esa "necesidad" está a juicio de los planificadores del Estado. El pueblo ha expresado, desde el punto de vista de la Contraeconomía, que la necesidad, la demanda, es diferente y ha rechazado al Estado soviético.

"Las consideraciones morales también son un factor aquí. Las actividades clandestinas con sus operaciones secretas crean consecuencias psicológicas de amplio alcance para grandes sectores de la población soviética. Y la empresa privada es absolutamente inconsistente con la ideología comunista oficial".[27] El poderoso Estado Soviético no solo debe tolerar la Contraeconomía, sino también soportar la invasión de su territorio y su pueblo.

Mucho más grave. El liderazgo soviético no está libre de la propagación contraeconómica. "Es justo decir que, aunque las autoridades se oponen básicamente al mercado paralelo, están obligadas a vivir con él y, a veces, no dudan en utilizarlo".[28] Los periódicos rusos *Pravda* y *Literatumya Gazeta* informan que las autoridades ordenan a los subalternos que busquen piezas para salvar las apariencias (y otras piezas que cumplan esta función), además de otros bienes de capital en la Contraeconomía. "Literatumya Gazeta habla de los funcionarios que presionan a los directores de las granjas colectivas para que vayan al mercado paralelo. Según el documento, estos funcionarios sugieren a los directores de las granjas que carecen de piezas de repuesto para la maquinaria agrícola que busquen las piezas "en el fondo del mar" pero que cumplan los planes. Incluso prometen a los directores su respaldo en caso de problemas con la policía. La historia difundida por Literatumya Gazeta también cuenta sobre los gerentes de construcción que no recibieron clavos, pero fueron aconsejados por sus superiores a cumplir con los planes a cualquier costo".[29]

Cabe recalcar aquí que no solo está involucrado el segmento de la Contraeconomía que la URSS considera ilegal, o los segmentos que, digamos, los Estados Unidos permiten, sino toda la Contraeconomía. Un ejemplo sensacionalista es proporcionado por Simes que podría aplicarse a la CIA (Agencia Central de Inteligencia) en Estados Unidos, el *Deuxième Bureau* (Servicio de Información del Ejército) o SDECE (Servicio de Documentación Exterior y de Contraespionaje) en Francia, y el MI6 (Servicio de Inteligencia Secreto) en Gran Bretaña.

"La prostitución es ilegal en la Unión Soviética. Pero la KGB coopta a muchas prostitutas que tratan con extranjeros, y las prostitutas pagadas en moneda extranjera entregan parte de sus ganancias al cajero de la KGB".[30] ¿El proxeneta oficial del pueblo?

Y cabe destacar que el libre mercado no crece porque el gobierno se vuelva más liberal (o libertario), sino que el desafío contraeconómico del pueblo obliga al Estado a retirarse para aferrarse cuanto sea posible al poder. "En términos generales, durante los últimos años se ha desarrollado en la Unión Soviética un tipo de tolerancia, si no la aprobación, con respecto a ciertos tipos de actividades de mercado paralelo".[31] Inmediatamente conoceremos que el periódico *Izvestia* proporcionará una audiencia solidaria con los contraeconomistas y que Leonid Brezhnev pedirá la derogación de las leyes económicas.

"En una introducción editorial escrita por Izvestiya a un artículo sobre dos ingenieros que se meten en problemas con las autoridades precisamente por este tipo de acciones, los redactores de la editorial tienen una clara afinidad por las personas que se vieron obligadas a infringir la ley para hacer 'su importante trabajo' de forma adecuada. Tanto el artículo y el editorial, así como muchas otras declaraciones realizadas por periodistas y funcionarios soviéticos, incluido el Secretario General Brezhnev, piden que se eliminen 'las limitaciones injustificadas y la regulación intolerante' impuestas a la gestión económica".[32] ¿Qué más se puede decir?

El único fracaso de la Contraeconomía

Hay un problema y una pregunta que todavía queda por responder acerca de la masiva Contraeconomía soviética, y las respuestas tienen una relación profunda con el análisis y el estudio de la Contraeconomía del resto del mundo. Antes de responder, se debe señalar que solo una estrecha definición de la economía se ha tratado hasta ahora y que gran parte de la Contraeconomía soviética, los intelectuales clandestinos y los famosos "disidentes" en todas las artes y las humanidades han sido engañados aquí.

Sin embargo, ellos tienen mucha más cobertura en los medios de comunicación occidentales que las actividades estrictamente comerciales, que lamentablemente solo tienen las pocas fuentes que se acotan aquí con una nota de pie de página.

El contrabando y los refugiados también tienen un capítulo para ellos mismos. Otras referencias a la valiosa fuente de material y ejemplos de la Contraeconomía en los países controlados por los comunistas, se encontrarán esparcidas en los capítulos restantes, que son más categóricos que geográficos. Las divisiones geográficas son en gran medida, al menos desde el punto de vista contraeconómico, irrelevantes. Al menos políticamente, los contraeconomistas son, con determinación y actitud desafiante e incluso desdeñosa, internacionales.

El problema citado es este: ¿Qué hacen los ricos contraeconomistas con su riqueza? Hay dos respuestas a eso, y la segunda se relaciona con la pregunta que aún se debe hacer, que es "¿Por qué la Contraeconomía no se convierte en la Economía?".

En primer lugar, los más ricos contraeconomistas orientales pueden irse a veces con su dinero y disfrutar de los lugares placenteros del resto del mundo. Incluso Rusia tiene áreas parecidas a la Costa Azul en el Mar Negro, pero la ostentación en esta última requiere de una explicación a los funcionarios. Es cierto, y más a menudo de lo que muchos pensarían, producir riqueza, reinvertirla y producir más es un fin preciado en sí mismo. El personaje de James Garner en la película de 1963 "The Wheeler Dealers" lo expresó como "hacer dinero es solo una forma de llevar la cuenta" y eso sucede en la relativamente libre y abierta ciudad de Texas. Aun así, los millonarios en el Oeste son legendarios por ocultar su riqueza, Getty, Hughes, Koch, y otros reticentes son tan comunes como las ostentaciones de Hearst, Hunt, y Hammer. El confiscador oficial occidental tiene una correa ligeramente más corta que su colega oriental.

Sin embargo, gastar todo tu dinero en la tierra de Brezhnev es lo peor. "El principal objetivo del millonario soviético clandestino no es gastar dinero, sino ocultarlo".[33] Georgia, la privilegiada patria de Stalin, no está tan mal. Pero la gama es enorme: el estilo de vida del millonario clandestino en Moscú u Odessa, por ejemplo, es muy diferente del estilo de vida de su homólogo en Georgia.

"Un cliente mío georgiano, Golidze, que fue juzgado por el Tribunal Supremo de Georgia, poseía abiertamente y legalmente dos magníficas casas. Ambas estaban lujosamente amobladas con antigüedades compradas a traficantes de Moscú y Leningrado. Durante un registro, las autoridades confiscaron las joyas de su esposa, y 45 000 rublos en efectivo. Golidze me explicó que eso estaba tirado en casa para cubrir los gastos diarios".[34]

¿Así que las cosas son más estrictas en otras Tierras Rojas? "El estilo de vida georgiano no es remotamente apreciado por los millonarios clandestinos de Moscú, Ucrania y las Repúblicas Bálticas. Abandonar al apartamento comunal comprado bajo su propio nombre, donde se puede disfrutar de alimentos caros sin tener que esconderlos de los vecinos… comprar una modesta dacha con el nombre de un pariente… o hacer un viaje a un centro turístico búlgaro en el Mar Negro… todo esto se trata de la magnitud de los placeres que un millonario de la generación más antigua se atreve a permitirse. Su principal entretenimiento es reunirse con colegas masculinos en privado, y la eterna necesidad masculina de un poco de diversión fuera del círculo familiar se satisface en varios salones mantenidos por mujeres con conexiones sociales o de negocios con el ámbito clandestino. La atracción de estos salones es el juego más que el sexo".[35]

Se puede ver fácilmente que proporcionar entretenimiento a los contraeconomistas más ricos y amantes de la diversión, es en lógicamente en sí misma, una empresa contraeconómica. "Durante los años sesenta y setenta, el salón de una tal Elizabeth Mirkien gozó de gran popularidad en Moscú. Su marido había trabajado en una de las grandes compañías clandestinas y en ese momento estaba cumpliendo una sentencia de prisión. En el espíritu de las leyes no escritas del entorno, los socios del marido proporcionaban a Elizabeth una suma de dinero decente cada mes, pero ella también tenía un ingreso proveniente del salón de su pequeño apartamento de dos habitaciones. A los hombres de negocios de mediana edad les gustaba reunirse allí. Todo era de su agrado: la propia jefa de la casa, una señora atractiva y amable, excelentes comidas, y, sobre todo, las mesas de cartas y la ruleta. Las apuestas eran muy altas, ya que los juegos de azar ocupan un lugar muy importante en la vida de un rico empresario soviético clandestino. Solo en la mesa de cartas o en la ruleta de alguna casa como la de Elizabeth, ellos pueden arriesgarse a sufrir grandes pérdidas, sentir la euforia de gastar imprudentemente, sentirse ricos".[36] Y, sin embargo, salvo en el aspecto cuantitativo, ¿es una actitud diferente de la que se encuentra en Montecarlo o en Las Vegas?

¿Por qué la Contraeconomía no se convierte en la economía? El único fracaso de la Contraeconomía hasta ahora, está en el nivel mental-espiritual-psicológico, el nivel abstracto. Como veremos, los científicos e ingenieros de la abstracción, los intelectuales, han fallado hasta ahora en analizar y justificar la Contraeconomía. Por consiguiente, los contraeconomistas operan bajo el peso muerto de la culpa inmerecida. El esfuerzo para cambiar esto, para proporcionar a la Contraeconomía una filosofía totalmente desarrollada y autojustificada (el agorismo) acaba de comenzar.[37]

No obstante, la culpa y la autoinhibición son evidentes tanto en Rusia como en Occidente.

"Los millonarios de la generación más antigua, más allá de dejarse enredar en tales placeres, tratan de proteger a sus hijos de los riesgos del mundo clandestino y los convierten en académicos, médicos o abogados".[38] Es decir, los niños deben hacerse respetables y vivir abiertamente. Este pensamiento y el fracaso de suscitar, hasta ahora, una oferta de ideología pro-mercado, es el fracaso de la Contraeconomía.

La esperanza del futuro

Pero los hijos, la segunda generación de contraeconomistas, están mostrando signos de apreciar la innovación y el coraje de sus antepasados, más de lo que los antepasados lo hicieron, y ellos mismos podrían concluir la liberación. Sus padres tratan de sacarlos y llevarlos a la aceptación comunista. "A pesar de ello, muchos jóvenes, después de los títulos universitarios, incluso los doctorados, reafirman la tradición familiar y entran en el negocio clandestino. Estos empresarios clandestinos de segunda y tercera generación no se contentan con la vida de sus padres. Se convierten en clientes asiduos de los restaurantes caros, cuyos mesoneros y gerentes los conocen por su nombre, los tratan como invitados de honor y reportan sus juergas al DCMSP. No temen hacer grandes apuestas en las carreras, vigilados por funcionarios del DCMSP, y son osados a la hora de comprar carros y dachas a precios equivalentes a 20 o 30 años de sus salarios oficiales. Visitan abiertamente los centros turísticos de moda, gastando el equivalente de cinco años del salario oficial en un mes de vacaciones."[39]

Pero su desafío no consiste en "salir y mostrarse" de forma absurda o dar muestras de bravuconería autodestructiva. Desde el regazo de sus padres, estos nuevos contraeconomistas saben lo que hacen, y su ingenio supera a sus maestros.

"Esto no significa que la generación más joven de empresarios clandestinos sean lunáticos preparados para comerciar un año de buena vida por muchos años en los campos de prisioneros. Todos ellos tratan de estar preparados para justificar sus gastos indicando algún tipo de ingreso legal. Una forma común es comprar un billete de lotería o títulos de deuda del gobierno que ha generado una ganancia importante. Los jóvenes empresarios más importantes fidelizan agentes pagados entre los empleados del banco que persuaden a los ganadores que vienen a recoger su dinero para vender el boleto de la suerte por dos o tres veces el monto de la ganancia. Pero la principal protección para la generación más joven sigue siendo el soborno de los funcionarios del DCMSP, en el que superan incluso a sus padres".[40]

Cuando todo el mundo esté vinculado por interés propio a sus compañeros contraeconomistas, en su totalidad o en parte, en Rusia o en cualquier otro lugar, y sean plenamente conscientes de ello, la Contraeconomía tendrá un éxito ineludible. La base está allí. "Según el semanario de la Unión de Escritores Soviéticos, *Literatumya Gazeta*, los ocupantes de los nuevos apartamentos de Moscú pagaron diez millones de rublos a comerciantes privados durante un año por 'mejoras adicionales a su apartamento'".[41]

Ellos y nosotros

La confirmación de esta situación en la Unión de Repúblicas Socialistas Soviéticas proviene de la mayoría de las fuentes de las instituciones. El corresponsal ruso del periódico *New York Times*, Hedrick Smith constató: "La corrupción y la empresa privada ilegal en Rusia, el 'capitalismo rastrero', como algunos rusos lo llaman jocosamente, surgen de la naturaleza misma de la economía soviética y su rendimiento: escasez, bienes de mala calidad, terribles retrasos en el servicio. Ellos constituyen algo más que un mercado negro, como los occidentales están acostumbrados a pensar.

Porque paralelamente a la economía oficial, existe toda una Contraeconomía próspera que maneja un enorme volumen de comercio oculto o semioculto, que es indispensable tanto para las instituciones como para los individuos. Prácticamente cualquier material o servicio puede ser convenido como *nalevo* [nalevo significa 'a la izquierda' (no autorizado), pero se presenta como 'a un lado' o 'bajo la mesa'] desde alquilar una cabaña de vacaciones en el campo, comprar un impermeable o un buen par de zapatos en una tienda estatal, conseguir un vestido elegante hecho por una buena costurera, transportar un sofá al otro lado de la ciudad, contratar servicios de reparaciones de fontanería o la insonorización en la puerta de su apartamento, ser atendido por un buen dentista, enviar a sus hijos a una guardería privada, organizar una consulta a domicilio con un cirujano prestigioso, construir edificios y colocar tuberías en una granja colectiva".[42]

Como hemos visto en los dos primeros capítulos, los occidentales se están acostumbrando rápidamente a pensar en una Contraeconomía con mucho más alcance. Todas las fuentes mencionadas en este capítulo expresan esta percepción diferente, la cual es válida, pero con una implicación de diferencia cualitativa más que cuantitativa. "Dejando de lado estos casos sensacionales de abuso de cargos oficiales, solo una pequeña parte de las operaciones de la Contraeconomía soviética se consideraría criminal en Occidente. Sin duda, la Unión Soviética tiene malversadores, redes de ladrones de carros, prostitutas, narcotraficantes, ladrones armados de bancos y una banda ocasional de extorsionistas que se hacen pasar por unidades de policía y cuentan con uniformes, esposas y documentos, y que intimidan a los inocentes, son delincuentes que serían criminales en cualquier lugar". Es necesario añadir que ellos forman parte de la propia Contraeconomía. La lista de Smith es el mercado rojo de la violencia y la coerción, no el mercado negro pacífico y evasivo del Estado.

Smith continúa: "Pero gran parte del comercio clandestino en el mercado negro no sería ilegal si el comunismo soviético permitiera el tipo de pequeño sector comercial privado que existe legalmente bajo los estilos del comunismo húngaro, polaco o de Alemania del Este".[43]

Tal ingenuidad es interesante debido a las muchas ideas que nos expresa. Si bien es cierto que liberar parte de la acción humana como se hace en los otros países de Europa del Este reduciría ligeramente la Contraeconomía, Smith parece no ser consciente de lo vasta que es allí. Además, parece que no es consciente de lo vasta que es en la ciudad de Nueva York, su base de operaciones. Debido a que Nueva York posee regulaciones más estrictas que el resto de los Estados Unidos en muchos aspectos (por ejemplo: licencias de taxi, tasas impositivas más altas) entonces allí abundan los taxis ilegales, los vendedores de alimentos sin licencia, los carpinteros y transportistas que no pertenecen a ningún sindicato, los contrabandistas de cigarros, y los comerciantes de todas las sustancias ilícitas y copias prohibidas (desde programas informáticos hasta grabaciones). Tal vez, como la nueva clase de aristócratas comunistas, él describe desde sus cerradas urbanizaciones, alejadas de las masas que sufren en Moscú. Él pertenece a una clase que evita tal contacto callejero.[44]

Smith percibe, al menos vagamente, las posibilidades revolucionarias. "Pero el régimen se enfrenta a un dilema: Como me lo advirtió un ruso, lo que fue repetido por muchos otros, 'Todos en el comercio minorista soviético son ladrones y no puedes meterlos a todos en la cárcel'". Y sin embargo, él confunde la reforma con la revolución casi al final. "El Partido sabe, concluyó, que a la gente que persigue los bienes ilegales en la Contraeconomía no le preocupan las reformas. Además, mientras el público asuma la Contraeconomía como un hecho necesario y deseable de la vida, existe poca esperanza de colaboración para la ejecución estricta".[45]

La resolución en la mente rusa y occidental de esta dicotomía bien podría terminar con el estatismo a favor de una completa Contraeconomía. Por supuesto, entonces la economía sería un mercado libre. Smith tiene una anécdota que ilustra la confusión de la eficiencia económica y la libertad con la inhumanidad antisocial.

"Un científico médico que emigró a América en 1974 después de trabajar en uno de los principales institutos médicos de Moscú elogió a los médicos rusos como 'más humanos' que los médicos privados con fines de lucro de América y apoyó el concepto de medicina socializada. 'Pero usted no puede imaginar lo pobre que es la calidad general del servicio médico', dijo. 'En Rejazan (una ciudad de 400 000 habitantes), el lugar donde crecí, ellos tienen un equipo muy malo. Les faltaban cosas muy sencillas, por ejemplo, medicamentos. La calificación de los médicos es mucho más baja que en Moscú. Pero el peor problema del sistema es la mala organización y el mal servicio de enfermería. Las enfermeras hacen muy mal la esterilización. Después de las operaciones, incluso en nuestro instituto, que es uno de los mejores, tuvimos muchos casos de sepsis, heridas supurantes, infecciones y supuración. Las enfermeras no eran lo suficientemente aseadas. Cometieron errores en las operaciones. El director de nuestro instituto se enfadaba mucho porque hacía operaciones magníficas, y luego hubo esas infecciones. Con frecuencia, el personal de nivel medio no recibe un buen sueldo y no son fiables ni competentes. Una vez estuve en Járkov y tuve que ser operado de apendicitis en un hospital de distrito ordinario. Estaba tan sucio que usted no se lo puede imaginar. Las sábanas estaban grises por el uso tan prolongado. La ropa de los trabajadores del hospital no estaba lo suficientemente limpia. Recibí un cuidado especial porque yo pertenecía a este importante instituto de Moscú. Y aun así tengo una infección y otros también. Vi morir a un hombre en mi presencia después de una operación de apendicitis por este problema'".[46]

Esta es la economía formal en el área más estatista del mundo. No es de extrañar que la gente busque comerciantes indiferentes y con ánimo de lucro que realicen operaciones limpias, precisas y antisépticas en la producción en masa a un precio barato, o si se les impide, buscarán comerciantes en el mercado negro que lo hagan por un precio más alto pero que den al cliente lo que quiere. Dimitri Simes dice: "El mercado paralelo es una parte vital del estilo de vida soviético. Y solo las reformas económicas y sociales fundamentales pueden eliminarlo de la existencia".[47] Pero, ¿pueden ser lo suficientemente fundamentales, es decir, el Estado se abolirá a sí mismo?

Las fuerzas del mercado, abrumando a las fuerzas marxistas-religiosas de la historia, pueden dejar sin opción. Aunque Konstantin Simis insinúa que la corrupción es evitable (usando la Contraeconomía en las estadísticas mismas), su conclusión habla por sí misma en respuesta: "Y aparece un absurdo final revelador. Obviamente, el Estado soviético y toda la estructura de la empresa clandestina se enfrentan entre sí en un conflicto y una contradicción absolutos. Sin embargo, estos adversarios son curiosamente aliados. Están unidos por la corrupción. No podría existir un vasto laberinto de empresas ilegales, ni por un año, ni siquiera por un mes, sin la complicidad y la venalidad del igualmente vasto aparato soviético encargado de hacer cumplir las leyes contra los delitos económicos. Esta criminalidad oficial es omnipresente, desde los funcionarios pertenecientes a los rangos más bajos hasta la élite más alta, un cáncer que no solo atormenta al Estado sino a toda la sociedad soviética. Este es el impresionante costo de un sistema dedicado a reprimir los impulsos más básicos de la libertad personal".[48]

Ese sistema no es el sovietismo, ni siquiera el comunismo, sino el estatismo. Existe y está creciendo en América del Norte. En los próximos capítulos, veremos cómo los norteamericanos, y de vez en cuando, el resto del mundo, se enfrentan a un mundo de burocracia y *nalevo*, de saqueo legal y producción ilegal. Primero veremos la mayor red de pequeños empresarios de la Contraeconomía, el mercado de la droga en todos sus aspectos y definiciones de lo que son las drogas, y luego el mayor problema de la Contraeconomía tanto en el Este como en el Oeste: el dinero y su control y los estragos de la inflación.

Notas a pie de página:

1. Free market cracks Red regimes [El libre mercado resquebraja los regímenes rojos]. (1976, July 25). New Libertarian Weekly 3(33) p. 1.
2. Simes, D. K. (1975). The Soviet parallel market [El mercado paralelo soviético]. Washington, DC: Center for Strategic and International Studies, Georgetown University, p. 25.
3. Simis, K. (1981, June 29). Russia's underground millionaires [Los millonarios clandestinos de Rusia]. Fortune, p. 37.
4. Ibid., pp. 38-39.
5. Ibid.
6. Ibid.
7. Ibid.
8. Ibid.
9. Ibid.
10. Simes, D. K. op. cit., p. 70.
11. Ibid.
12. Ibid., p. 7.
13. 13.Ibid.
14. Ibid., p. 16.
15. Ibid., p. 17.
16. Ibid., p. 18.
17. Simis, K. op. cit., p. 40.
18. Ibid., p. 41.
19. Ibid.
20. Ibid.
21. Ibid.
22. Ibid.
23. Ibid., pp. 41-42.
24. Ibid., p. 42.
25. Simes, D. K. op. cit., p. 21.
26. Ibid.
27. Ibid.
28. Ibid., p. 22.
29. Ibid., pp. 23-24.
30. Ibid., p. 24.
31. Ibid.
32. Simis, K. op. cit., p. 49.
33. Ibid.
34. Ibid.
35. Ibid.
36. Véase, por ejemplo, la novela de J. Neil Schulman. Alogside Night [Junto a la noche]. (Crown hardcover, 1979; Ace paperback, agosto 1982).
37. Simis, K. op. cit., p. 47.
38. Ibid.

39. Ibid.
40. Simes, D. K., op. cit., p. 1, nota a pie de página 1.
41. Smith, H. (1977). The Russians [Los rusos]. New York: Ballantine Books, pp. 112-113. El capítulo tres está enteramente dedicado a la Contraeconomía en Rusia, y Smith es la primera persona después de mí que he encontrado que utiliza el término "counter-economy", aunque no utiliza "Counter-Economics" (Contraeconomía) o "counter-economist" (contraeconomista). Una comunicación con él reveló que no tenía conocimiento de mi uso anterior desde febrero de 1974 (ante una audiencia del Foro del Mercado Libre en California, y posteriormente en cientos de publicaciones libertarias). Su libro, por cierto, es recomendado.
42. Ibid., p. 132.
43. Mientras Smith vivía en Rusia, el autor vivía en el East Village de Nueva York en un grupo de apartamentos de contraeconomistas expertos y trabajaba en la Contraeconomía con extranjeros ilegales de Nueva Zelandia y Australia, durante el período 1972-1975.
44. Smith, op. cit., p. 133.
45. Ibid., pp. 94-95.
46. Simes, D. K., op. cit., p. 25.
47. Simis, K. op. cit., p. 50.

IV. Contraeconomía de la droga

Para muchas personas, las drogas ilícitas y el mercado negro están fuertemente conectados. En la prensa popular, desde la revista *High Times* hasta el periódico *New York Times*, se ha argumentado la existencia de la Contraeconomía del consumo, la producción, la agricultura, la red de distribución, la financiación, el transporte y el contrabando de drogas, e incluso su utilización como moneda alternativa.

Las ideas preconcebidas y los prejuicios involucrados en esta área, en lugar de facilitar al autor la comprensión del mercado de drogas desde el punto de vista contraeconómico, lo convierten en el capítulo más difícil del libro. Sin embargo, es mejor abordar el tema de manera directa e inmediata. El problema no es la mecánica, aunque como veremos a menudo se tergiversa, sino la intensa irracionalidad que rodea al tema. El abuso de drogas es un término que necesita en gran medida ser *liberado de su concepto erróneo*.

Concepto erróneo de las drogas

Si discutiéramos la comercialización del ácido acetilsalicílico para superar los precios de monopolio de la Aspirina Bayer, pocos estarían perturbados. ¿Podemos abusar de la "aspirina"? Los médicos expertos sugieren que un exceso causa sangrado estomacal, por lo que parece posible. El ácido acetilsalicílico es un artículo farmacéutico, que se vende en "farmacias". ¿Dónde está el "problema del abuso de la aspirina"?

Analicemos el tabaco. Aunque su comercialización está muy restringida debido a la normativa que impide la publicidad y también porque posee los impuestos más altos que cualquier otra cosa, continúa siendo "legal". La nicotina, el ingrediente más activo del tabaco, está clasificada en algún punto entre la cafeína y el tetrahidrocannabinol (café y marihuana) en la aceptación social, y es considerada como una "droga" al igual que cualquiera de los dos. Hoy en día sigue siendo legal y no es un problema muy criticado.

Si el paso final hacia la prohibición legal de los cigarrillos y las pipas ocurriese mañana, sin duda, se desencadenaría una guerra civil en América del Norte. Los fumadores han estado "asumiéndolo" bajo la forma de constantes quejas en los medios de comunicación y pequeños acosos en las fiestas de cóctel, pero ellos todavía pueden obtener su "dosis". Sin embargo, ellos desobedecerían flagrante y masivamente cualquier ley que les impidiera obtenerlo. Recuerden que la mayoría de las personas de ambos sexos y de todas las razas, no solo los adultos, excluyendo las zonas más pobres del mundo, fuman tabaco.

Pasamos de la aspirina al tabaco y ahora hablaremos del alcohol. El alcohol era un poco menos popular y un poco más "poderoso" (capaz de incapacitar al individuo cuando se consume en exceso) y efectivamente sufrió un período de prohibición o Ley seca.

La Ley seca no fue derrotada por la reforma política, la revolución organizada o incluso por los activistas callejeros, aunque todos ellos estaban presentes en los Estados Unidos en la década de 1920. Lo que se sabe casi universalmente es que era abundante y fácil de conseguir a un precio no muy diferente del precio legal y gravado, y el "costo" de entrar en este mercado en términos de riesgo adicional era tan bajo que a menudo se bebía de forma impune delante de los senadores e incluso de los alguaciles.

El fracaso de la Ley seca de prohibir fue el triunfo más espectacular de la Contraeconomía en los Estados Unidos. El consumo de alcohol "con moderación" (sea lo que fuere) es ahora casi completamente aceptable.

Desgraciadamente, consiste casi en su totalidad en un "mercado blanco" y está gravado de forma excesiva, solo superado por los impuestos sobre los productos de la industria del tabaco.

Demos un paso más hacia la marihuana en la gama de drogas. El tetrahidrocannabinol, al menos como se encuentra en los porros (a diferencia del aceite de hachís) es menos potente que el alcohol. Sin embargo, su aceptación popular es menor, es decir, la mayoría no disfruta su uso en los países democráticos. Por lo tanto, es ilegal.

El sector de la Contraeconomía relacionado con la marihuana es tan grande que afecta a casi todos los hombres, mujeres y niños de América del Norte (y gran parte del resto del mundo). Esta afirmación será respaldada en la próxima sección, aquí se trata un punto diferente.

Omitamos una etapa en la variedad del tipo de drogas: ¿qué pasa con el arsénico y el cianuro? Estas sustancias no solo son legales, sino que ni siquiera están controladas. ¿Existe alguna otra droga proscrita capaz de causar daño y que posea efectos secundarios con tan pocas "cualidades positivas"? ¿Por qué el cianuro y el arsénico no son las drogas más perseguidas de todas? La gente las toma. Pero en casi todo el lenguaje periodístico, nunca se habla de "otra muerte relacionada con el arsénico" o el "abuso de cianuro". El término habitual es suicidio.

Cualquiera que sea la potencia y la "amenaza" de la heroína, el opio, la dietilamida del ácido lisérgico o las anfetaminas (y se sitúan entre el alcohol y el arsénico según cualquier estimación) son considerados como algo "especial" ante los ojos de un amplio sector de la sociedad con considerable influencia política. ¿Es entonces un odio puritano al placer? ¿Qué hay de la prohibición del laetrile (que también está tambaleando en el momento de escribir este documento)?

Las drogas no son un veneno a menos que se escojan para ese uso. No son una cura a menos que se escojan para ese uso. No son medios de placer, escape o estimulación a menos que se escojan para ese uso. En resumen, los químicos son irrelevantes para cualquier "problema de drogas", el abuso de drogas es un *abuso de elección*.

Lo que se debe elegir es un problema religioso, en el sentido más amplio del término. Elegir las drogas equivocadas (y casi todo el mundo elige algunas, aunque sean "suaves" o inocuas) es exactamente como elegir la religión equivocada hace un par de siglos: si usted es un infiel, un hereje o un pagano, será cazado y perseguido. También lo ayudarán, entablará amistades, e incluso los simpatizantes de sus creencias lo ocultarán de sus perseguidores.

Hay una diferencia importante entre las prácticas religiosas comúnmente más conocidas y el uso de drogas: el comercio de bienes físicos. Si bien existe un mercado gigantesco en la religión, la prohibición de los bienes materiales asociados solo afecta un poco a los creyentes y a menudo endurece sus convicciones.

La prohibición legal de las drogas desalienta a unos pocos compradores marginales, pero con igual frecuencia fortalece a los usuarios y profundiza su compromiso. ¿Existiría el movimiento de contracultura basado en la marihuana o en el laetrile, en su mayoría de derecha, si el Estado no hubiera suprimido las drogas a las que son adictos?

Y, por supuesto, la línea entre la cultura de la droga y la religión se ha cruzado efectivamente muchas veces, por ejemplo: las sectas hippie indias y neoindias basadas en el consumo de peyote, las comunidades de rasta-faris basadas en el uso de marihuana (*ganja*) y las numerosas religiones "aceptadas" que utilizan el vino (perseguidas durante la Ley seca) o las normas alimentarias y restricciones dietéticas (judíos ortodoxos y cristia-nos fundamentalistas).

En la mayoría de los países, la elección de la religión se ha convertido en gran medida, en algo que ya no es asunto del Estado. Al menos en los paí-ses más progresistas de Occidente, la elección de las drogas se percibe cada vez más como una cuestión de conciencia individual. Hasta que prevalez-ca esta opinión, el mercado de drogas es el mayor sector de reclutamiento y concientización de la Contraeconomía, con la excepción de la evasión de impuestos.[1]

La pirámide de capital de la droga

Para comprender la amplitud de la interconexión del mercado de drogas, es necesario introducir un importante concepto de economía y descartar una idea errónea generada en gran parte por la propaganda de las guerras de las drogas que se libran en varios niveles y organismos del Estado. Este último es el mito de la mafia o el "crimen organizado": el primero es el concepto de la pirámide de capital. Uno es, en cierto sentido, la imagen espejo o perversión del otro.

El término "crimen organizado" expresa demasiado. Si usted y sus veci-nos trabajan juntos para evitar los impuestos o para el reclutamiento o la distribución y consumo de drogas, o cualquier cosa que el Estado conside-re un crimen, usted representa una "conspiración", es decir, al no trabajar en solitario, usted ha cometido un crimen adicional. Ustedes son crimina-les organizados y al gobierno organizado (algunos dirían que al gobierno desorganizado) le disgusta eso aún más. El grado de formalidad de esta organización puede ser de hecho muy escaso. Puede que ni siquiera co-nozca personalmente a los individuos con los que tiene un acuerdo, puede que simplemente se encuentren, realicen transacciones y posiblemente no se vuelvan a encontrar nunca más.

El mercado organiza espontáneamente la oferta y la demanda, indepen-dientemente de la mercancía. La gente no necesita añadir ningún vínculo, apego o apoyo a estos vínculos efímeros, pero siendo personas, lo hacen, y profundizaremos en esta expansión de la sensibilización o toma de con-ciencia más adelante en este capítulo. La construcción de una superestructura gigante a través de muchas fronteras y con minuciosos detalles de cada calle con respecto a la agricultura, el procesamiento, el transporte marítimo, la refinación, la venta al por mayor, y la distribución no requiere una conspiración a largo plazo o una organización formal como un sindicato o "mafia".

Los gánsteres, la mafia, como quiera que se llamen, no son el mercado de la droga o incluso no forman parte de la Contraeconomía, son, mejor dicho, el Estado dentro del Estado. Ellos se aprovechan de los contraeconomistas recaudando impuestos de "protección", regulando el comercio y luchando en guerras. La *Cosa Nostra*, la Pandilla Púrpura y otras, no desempeñan ninguna función en la Contraeconomía, salvo la de parásito, exactamente de la misma manera que lo hace el gobierno oficial en el mercado. En ciertas comunidades y vecindarios atrasados, generalmente en algunas culturas étnicas antiguas, tales grupos son tolerados o incluso apoyados por personas asustadas y considerados como verdaderos protectores, de la misma manera que tales gobiernos autoritarios son aceptados por la gente de los países poco instruidos. Sin embargo, en los mercados de drogas "candentes" de los campus universitarios estadounidenses, y del sur de California en particular, esos mafiosos simplemente no existen.

Si el Padrino no dirige el mercado negro, ¿quién o qué lo hace? En lugar de la Mano Negra de algunos sicilianos, el mercado es dirigido, sin interferencia del gobierno o a pesar de ella, por la Mano Invisible de Adam Smith.

Alguien se da cuenta de que la gente está dispuesta a pagar por las drogas y esa persona se da cuenta de que el precio le dará un beneficio suficiente para que valga la pena su esfuerzo. Otro se da cuenta de que existen estos traficantes que pagarán bien por una gran cantidad de droga, y la dividirán para la venta al por menor, subiendo el precio para hacer que valga la pena su esfuerzo. Otro ve la oportunidad de instalar un laboratorio químico para refinar las drogas y entregarlas a unos pocos mayoristas y otro ve el beneficio en el contrabando de drogas a unas pocas refinerías. Y otro ve el valor de abastecer a los contrabandistas en su tierra natal a través de los agricultores de su zona en busca de unos pocos dólares, pesos o cigarros de marihuana extras. Y los granjeros ven el valor de esquivar o pagar a los funcionarios del gobierno para cultivar un poco más una cosecha prohibida.

Esta estructura de mercado "vertical", desde las capas de productores hasta la base de consumidores, fue descubierta, como concepto económico, por Eugen von Bohrn-Bawerk, el economista austriaco más importante junto a Ludwig von Mises, y fue llamada la Pirámide de Capital. Una de las teorías de Bohm-Bawerk afirma que cuanto más "progresivo" es el mercado, más crece la pirámide, es decir, la base se estrecha y la altura crece en más capas. La riqueza se transfiere en un número creciente a las etapas tempranas de la producción, sin embargo, el producto final tiene una calidad más fina y/o, un precio más bajo. La Pirámide de Capital del mercado de la droga rivaliza con la de la producción de transbordadores espaciales, y está creciendo, contra un ejército literal de funcionarios del gobierno, armados hasta los dientes y disparando.[2]

Si algo puede probar la naturaleza imparable de la Contraeconomía, es el triunfo de la Pirámide de Capital del mercado de drogas contra el poder armado del Estado. Así que aquí está una prueba.

La Segunda Guerra Mundial contra las drogas

Se ha dicho que si el hombre no aprende de la historia está condenado a revivirla. Puede que dos guerras mundiales aún no nos hayan curado de la guerra mundial, pero al menos ha habido una brecha más larga entre ellas. Durante los años veinte, se impuso en los Estados Unidos la Ley seca o prohibición del alcohol etílico en todas sus formas, aun cuando varias provincias del Canadá derogaron la prohibición local debido a su fracaso. En 1933, la Primera Guerra Mundial contra la bebida demoníaca (que se libró entre fronteras y en alta mar) terminó en la rendición con la derogación de la Ley seca. Poco después, los gobiernos en todos los países aumentaron la supresión de miles de otras sustancias químicas ingeridas por los seres humanos por placer, escape o estimulación y aparentemente mantuvo la situación estancada. Luego vinieron los años sesenta y las nuevas filosofías, y el aumento de las drogas psicodélicas. El Estado declaró una nueva guerra contra la dietilamida del ácido lisérgico, el peyote y la droga alucinógena STP, y se redobló la antigua lucha con el cannabis sativa y las anfetaminas y tranquilizantes ("estimulantes y calmantes").

"La guerra" no es una metáfora aquí. "La Guardia Costera de los Estados Unidos informa que, en dos ocasiones distintas en los meses recientes, las lanchas bombarderas estadounidenses fueron obligadas a disparar directamente a los cascos de los barcos que transportaban marihuana. Los oficiales de la Guardia Costera dicen que esta es la primera vez desde la Ley seca, hace casi cincuenta años, que los barcos de contrabando han sido de hecho disparados y atacados por los barcos de la Guardia Costera en el proceso de efectuar arrestos".

"El comandante John Hayes dice que, hasta los dos incidentes recientes, los decomisos en el mar han requerido, a lo sumo, uno o dos disparos de advertencia en la proa para obligar a los integrantes de la embarcación a rendirse. Ninguno de los incidentes de disparos provocó lesiones. Hayes dice que cada vez más barcos intentan escapar de los barcos de los guardacostas porque la marihuana se ha convertido en un gran negocio, con cargas únicas que valen millones de dólares. La Guardia Costera estima que entre 6 y 8 mil millones de dólares en marihuana ilícita fueron contrabandeados con éxito por barcos a los Estados Unidos el año pasado".[3]

Los Estados Unidos, en gran medida por medio de la Administración para el Control de Drogas (*Drug Enforcement Administration*: DEA), han abierto frentes de guerra en toda Centroamérica y Sudamérica, en ambos extremos de Asia, y en Europa occidental, una verdadera guerra mundial. Sin embargo, la "producción local" sigue siendo la mayor fuente de materia prima de drogas, como revelará nuestra mirada a California y Hawái. No hay nada extranjero o forastero en el tráfico de drogas, pero el mercado es completamente internacional.

Colombia es descrita por la agencia internacional de noticias *United Press International* como un "imperio de la hierba". Riohacha "es la capital del estado de La Guajira y el centro de la mayor industria ilegal de Colombia: allí se desarrolla el cultivo y el contrabando de marihuana cuyo producto se destina a los Estados Unidos. También es un asentamiento clave en la batalla del gobierno para reducir el tráfico de drogas, que amenaza con opacar todos los negocios legítimos del país".[4]

¿Qué tan grande puede ser este sector en su Contraeconomía? "Las estimaciones del total del negocio de la droga en Colombia varían, pero se calcula que, en general, es de alrededor de 2000 millones de dólares anuales. Una buena parte de la 'hierba' cae en manos de traficantes internacionales radicados en los Estados Unidos".[5]

Colombia es también un centro de distribución y procesamiento de diferentes drogas de diversos países, también mantiene una de las mayores fuerzas laborales individuales de la Contraeconomía. "Colombia es también uno de los países donde se procesa la cocaína procedente del Perú y Bolivia para su expedición a los Estados Unidos, principalmente por pandillas que operan desde las ciudades de Medellín y Cali. Sin embargo, el polvo blanco representa menos de la mitad del valor en dólares del comercio de la marihuana e implica una mano de obra mucho más pequeña que las 150 000 personas involucradas en el tráfico de 'hierba'".[6]

Para obtener una verdadera idea de la gran escala de esta industria particular, se necesita asimilar la descripción de un testigo ocular. "En una base militar en las afueras de Riohacha, soldados con camisetas y pantalones de trabajo apilan montones de grandes pacas envueltas en sacos de arpillera. Toneladas de 'Santa María Gold', marihuana de primera calidad de las pendientes de las montañas de Santa María, están siendo preparadas para ser destruidas en una hoguera después de haber sido incautadas en la última operación del ejército".

"Una docena de camiones confiscados durante la operación están estacionados en fila. A pocos metros están los restos destrozados de un pequeño avión que se estrelló en la autopista cerca de la base militar, presumiblemente cuando estaba en una misión relacionada con la marihuana... Hasta finales de junio, las fuerzas armadas habían incautado ochenta aviones en el norte de Colombia, casi todos ellos registrados en los Estados Unidos. Entre ellos se incluyen: un DC-7, un DC-6, un Convair, y tres respetables DC-3, junto con muchos pequeños aviones bimotores. De ese total, 23 aviones se habían estrellado mientras intentaban aterrizajes peligrosos en pistas improvisadas. También se confiscaron en total 72 barcos, 308 vehículos y 879 armas de fuego".

"En el mismo período, 1169 sospechosos fueron arrestados. De los 186 extranjeros arrestados, la mayoría eran estadounidenses. El ejército dice que destruyeron casi 38 000 toneladas de marihuana, incluyendo 50 000 fardos listos para ser enviados y el rendimiento estimado de 102 kilómetros cuadrados. También se incautaron 2,2 millones de pastillas de anfetamina listas para exportar y 33 kilogramos de cocaína aparentemente pertenecientes a contrabandistas de marihuana fuera de la ruta principal de la cocaína".[7]

Esa masiva redada de drogas debió definitivamente lograr retroceder el negocio de la droga colombiana, ¿verdad? "'Creemos que tenemos en nuestras manos menos del 10% de la producción total', dijo tristemente un oficial del ejército".[8] Nótese que el 10% es más bajo que las tasas de impuestos en la mayoría de los países.

Observe, en nuestro ejemplo actual, cómo una pirámide de capital contraeconómica construye una gran comunidad de interés común en defensa de un mercado negro. "La raíz del problema es el dinero, los dólares y pesos que convencen a los agricultores de correr el riesgo de cultivar la cosecha ilegal y que tienta a policías, soldados e incluso jueces mal pagados a colaborar con el tráfico de drogas. La Guajira es conocida en Colombia desde hace mucho tiempo como una zona económicamente de pobreza en la que el tráfico y el contrabando se consideran como una forma de vida normal. La población local recibe a los forasteros con la misma amabilidad y empatía que los montañeros de Tennessee reservan para los funcionarios del Servicio de Impuestos Internos".[9] La comparación, como hemos señalado, es muy apropiada.

"Ernesto Samper, presidente de la Asociación Nacional de Instituciones Financieras de Colombia... estimó que 150 000 colombianos dependen de la marihuana para vivir y dijo que casi todos son pequeños agricultores y que sus familias (son) traficantes de drogas de bajo nivel. Si Colombia hubiera legalizado la producción, dijo, podría haber recaudado casi 146 millones de dólares en impuestos el año pasado en lugar de gastar una cantidad comparable en la aplicación de la ley".[10] Otra solución a los impuestos gastados en la ejecución de la ley se puede encontrar en los capítulos anteriores.

Estas entusiastas medidas severas estatales contra el tráfico de drogas son atípicas. Pasando del escenario latinoamericano de esta guerra mundial al escenario del Medio Oriente, donde abundan los soldados israelíes, árabes, cristianos y de la ONU, vemos otra actitud.

"No lejos de donde trabajaban los cosechadores, los soldados indicaban perezosamente a los autos que siguieran adelante en la carretera. Para ellos, el hachís era solo otro cultivo. Algunos dicen que este es uno de los mejores hachís del mundo. Lo llaman 'rojo libanés', 'rubio libanés' y recibe otros nombres. Está hecho de la planta de marihuana, se llama cáñamo indio en esta parte del mundo, y se comercializa como aceite o en piezas planas que parecen las suelas de zapatos pesados".[11]

Excepto por la actitud militar, la escena colombiana se repite. "Sale en camión, barco y avión, y muchos piensan que representa hasta un tercio de todo el dinero que entra en el Líbano. El Líbano solo tiene una apariencia de gobierno, pero sus bancos están prosperando y el hachís es una de las principales razones".

"'Creo que podemos decir que sin duda el *hachís* es la mayor industria del país', dijo un diplomático occidental que trata de vigilar el tráfico de drogas aquí. Es difícil encontrar cifras exactas, pero se estima que el 80%

del Valle de la Becá se dedica al cultivo de hachís. Hay tanta tierra en el cáñamo indio que el valle, una de las zonas agrícolas más ricas del mundo, ya no puede producir todas las frutas y verduras necesarias en el Líbano".[12]

La mayoría de las industrias legales no se acercan a esta magnitud. ¿Puede esta industria de las drogas ser tan vasta y sin embargo estar prohibida por el Estado? "Y aunque el cultivo de hachís es técnicamente ilegal, la cosecha ingresa abiertamente cada año ante la ley, o lo que queda de la ley. El soldado que dirige el tráfico en la carretera, que no puede dejar de notar que el hachís se está cosechando, dijo: 'Cultivarlo es ilegal, pero no es nuestro trabajo detenerlo'".[13] Se proporciona una respuesta burocrática al imparable mercado libre.

Y el mercado responde. El reportero de la escena anterior entrevistó a un granjero cercano.

"Estaba parado al borde de su cultivo, que en pocos días sería cosechado y luego secado en un pequeño cobertizo. Luego la recogería el hombre que había venido antes para inspeccionarla, para evaluar la calidad de las plantas antes de acordar un precio. 'Esta es la mejor manera de alimentar a mi familia', dijo el granjero. 'Sin hachís, sería un hombre pobre'".[14]

Mientras que algunos pueden describir al gobierno del Líbano como un fracaso, hay ciertamente muchos ejércitos y la mayoría de ellos son de tipo religioso con fuertes principios antidrogas que marchan por todo el país. Incluso con muchos más gobiernos de los que la mayoría de la gente enfrenta, la Contraeconomía sobrevive. "Se cuenta la historia de un agricultor que mantiene dos vehículos militares (tanques) para proteger sus campos. Puede ser una exageración, pero es cierto que los campos prácticamente nunca son perturbados. Demasiada gente tiene interés en el cultivo. Y generalmente es aceptado que los cultivadores paguen dinero por la protección a los muchos grupos de milicias armadas que operan en el área".[15]

La red entrelazada se extiende en todos los niveles verticales de la Pirámide de Capital, así como también horizontalmente. "Un experto dijo que parte del hachís se transporta por avión a los Estados vecinos de Oriente Medio, y que otra parte se transporta en camión a través de Siria hasta Turquía, y luego a Europa. Se dice que el principal cliente allí son los Países Bajos. Sin embargo, la mayor parte del hachís se consume en Oriente Medio. Egipto es el mayor comprador".[16]

La Contraeconomía de la droga incluye la alta financiación y abarca el sistema bancario internacional. "A los agricultores e intermediarios se les suele pagar en moneda estadounidense que ha sido 'lavada' varias veces antes de llegar al Líbano en un esfuerzo por despistar a los agentes antinarcóticos. Una fuente citó el ejemplo de un comprador que tomó un cheque bancario de Ámsterdam y lo depositó en un banco suizo. El dinero fue transferido a Venezuela, a Taiwán y luego a un banco en uno de los Estados del Golfo Pérsico antes de llegar finalmente a Beirut".

"Las autoridades libanesas estiman que 250 millones de dólares relacionados con el comercio de hachís entraron en el país el año pasado. Este año, la estimación duplica esa cifra... 'Los bancos están llenos de dinero', dijo un diplomático occidental..."[17]

En la escena del Lejano Oriente de nuestra guerra mundial, encontramos algunas diferencias en los detalles, pero los fundamentos contraeconómicos siguen siendo fácilmente conocidos. "Escondida en los baños de los aviones de líneas, cosida dentro de las pelotas de béisbol, o pegada a los cuerpos de los contrabandistas, la heroína paquistaní está llegando a las ciudades de Estados Unidos y Europa Occidental en cantidades cada vez mayores y causando preocupación internacional, dicen los funcionarios estadounidenses y pakistaníes. El cultivo de opio ha disminuido bruscamente en este valle y en otras importantes zonas de cultivo de amapola del Pakistán. Pero lo que queda es aparentemente más que suficiente para una serie de laboratorios clandestinos que comenzaron a producir la primera heroína del país el año pasado".[18]

Recordando que la Contraeconomía no reconoce fronteras estatales, no nos sorprende encontrar una plena cooperación de mercado entre los de diferentes nacionalidades y denominaciones religiosas en los diferentes niveles de esta pirámide de capital. "Se supo que por lo menos cinco químicos iraníes se encontraban en el territorio tribal semiautónomo de la Frontera Noroccidental, donde se encuentra la incipiente industria de la heroína y donde los agentes de policía no tienen jurisdicción".[19]

"La heroína es mucho más fácil de transportar y ocultar que el opio crudo extraído de las amapolas, y vale la pena hacer la conversión. Diez kilogramos de opio crudo en el mercado actualmente deprimido cuestan aquí unos 300 dólares y rinde un kilo de heroína. Esta cantidad de heroína se vende por unos 10 000 dólares en el Pakistán, por lo menos 45 000 dólares en Europa occidental y 175 000 dólares en la costa oriental de los Estados Unidos, dijo un funcionario de la Embajada de los Estados Unidos. Una vez en manos de los traficantes estadounidenses, la heroína se diluye y se vende en paquetes. Los ingresos de estos traficantes se elevan a millones de dólares por cada kilo".[20]

La Contraeconomía es invulnerable al Estado, pero no mediante el uso de los conceptos de ataque y defensa del Estado, sino mediante métodos de mercado, una forma de pensar ajena a la estadística. Tiene en cuenta las acciones gubernamentales, junto con la oferta y la demanda.

"Hay un exceso de opio en el Pakistán debido a los bajos precios que se derivan de las condiciones desequilibradas de los mercados tradicionales de la 'media luna de oro' en Irán y Afganistán. El combate de guerrillas ha hecho que el envío de opio crudo a través de los pasos de montaña afganos sea demasiado arriesgado y la pena de muerte impuesta por el régimen revolucionario iraní a los traficantes de drogas ha reducido su entusiasmo por el comercio. Para llenar el vacío, los empresarios pakistaníes del sector de los narcóticos obtuvieron conocimientos del proceso de refinado y utilizaron las rutas marítimas del Golfo Pérsico o los numerosos enlaces aéreos directos con Occidente para sacar la heroína de contrabando, según las fuentes".[21]

La intercambiabilidad de los métodos en la Contraeconomía es muy útil para los empresarios. Los que consideran que las drogas involucradas son repugnantes pueden aprender técnicas valiosas para la reducción de riesgos. Dentro de la industria de la droga, una línea de productos puede ser instructiva para otra.

"'Varios iraníes que operan de forma independiente han sido capturados en el último año debido a la simple inexperiencia', en los Estados Unidos, dijo un funcionario estadounidense. 'Pero los paquistaníes han sido más inteligentes al utilizar las redes que habían establecido antes para el hachís'. Pakistán carece de un consumo interno a la escala de Irán en el pasado. Pero a medida que el refinamiento de heroína se expande aquí, los funcionarios encargados de la lucha contra las drogas temen que la demanda de opio repunte".[22]

En 1980, la económicamente deprimida Jamaica echó al gobierno socialista e instaló a Edward Seaga. Parte del problema de Jamaica era su balanza de pagos crónicamente negativa, una balanza que, naturalmente, no incluía las exportaciones provenientes de la Contraeconomía. Seaga amenazó con legalizar el comercio del cannabis y contar la marihuana en la balanza de pagos, con lo cual, casi todo el mundo estuvo de acuerdo. Esto habría dado a Jamaica un saldo positivo y también habría sido posible dejar de molestar a los banqueros del Fondo Monetario Internacional.

En lugar de aceptar un retorno a las prácticas contables adecuadas y una ampliación del libre mercado, los Estados Unidos aumentaron la ayuda extranjera y brindaron préstamos (los Estados Unidos siempre podrían haber reclamado una concesión a la gran religión local jamaicana, los rastafaris). Los rastafaris, por cierto, constituyen la tercera fuerza en la política jamaicana, pero son en gran parte antipolíticos, sin duda por su continuo contacto con la realidad del mercado. (Los rastafaris tienen una red de distribución en toda la extensión del territorio de los Estados Unidos y el Reino Unido gracias a la actual popularidad del reggae, la música de su secta, que es afín al punk rock).

El gobierno americano no duda en derrocar o desestabilizar a otros Estados que están en el lado equivocado de la Segunda Guerra Mundial de las Drogas. La junta anticomunista de Bolivia, que derrocó un gobierno democrático en 1980, fue desestabilizada por la DEA y la CIA. El problema del general Torres no fue su menosprecio desdeñoso por la democracia y los "derechos humanos" (ningún gobierno respeta los derechos humanos) y ciertamente no fue su oposición al socialismo boliviano, pero lamentablemente se sospechaba que era la principal "protección" militar de la industria de la droga boliviana.

Siendo una contradicción ser un jefe de Estado contraeconómico, el general Torres no necesitaba mucha inestabilidad adicional. No obstante, la manera en que esta historia fue aceptada al pie de la letra por muchas revistas y periódicos respetados demuestra la credibilidad, los que informan desde Bolivia y experimentan su Contraeconomía están convencidos de que podría haber sucedido.

Mientras que los guerreros de la droga pierden Colombia, el Líbano y Pakistán, y llegan a un punto muerto o se mantienen firmes en Bolivia y Jamaica, el sitio donde se decidirá la guerra es en el Frente Interno. A diferencia de las Guerras Mundiales, donde el suelo de los Estados Unidos estaba intacto, las estadísticas americanas son incapaces de evitar una invasión masiva de los Estados Unidos continentales, sin mencionar una deserción masiva al "enemigo" de gran parte de su ciudadanía.

Las guerras contra las drogas: el Frente interno

"Los funcionarios federales dicen que el Estado de Florida sufriría un grave golpe económico si en los Estados Unidos se lograse detener la expansión del mercado de cocaína en los Estados Unidos. La Administración para el Control de Drogas de los Estados Unidos estima que tres cuartas partes de toda la cocaína que entra en los Estados Unidos hoy en día viene a través del Estado de Florida, y que el valor en la calle de la cocaína de Florida por sí sola supera los 10 mil millones de dólares al año".

"La revista de la Fundación de Investigación de Adicciones dice que en Florida se genera tanto dinero relacionado con la cocaína que numerosos bancos de Florida se han vuelto dependientes del mercado ilícito de la cocaína. Según un funcionario federal citado por la revista, el mercado inmobiliario de Florida 'caería de bruces' si se detuviera repentinamente el tráfico de cocaína, supuestamente porque un alto porcentaje de las compras de terrenos y casas de Florida involucran dinero procedente del comercio de cocaína".[23]

La misma Pirámide de Capital, la misma red horizontal, y los mismos modos de operación y métodos de reducción de riesgos que vimos alrededor del mundo son evidentes aquí en los Estados Unidos, ese gobierno en el mundo más comprometido en vencer la hierba del diablo y la cocaína asesina. Aun así, Florida es un mercado. Seguramente que mantener fuera a esos despreciables extranjeros con sus hábitos asquerosos (vea el capítulo diez sobre inmigración) ¿acabaría con la amenaza de las drogas? Incluso Hawái, el estado de las magníficas plantaciones de marihuana y un mercado de futuros de productos básicos en cultivos de marihuana,[24] ¿se vería interrumpido con un estricto bloqueo naval?

Desafortunadamente para aquellos dispuestos a luchar en las playas, a luchar en las costas, y a luchar en los aeródromos, la patria ha caído. El mercado más grande de los Estados Unidos, California, también es en gran medida autosuficiente, literalmente desde los cimientos.

"En las remotas colinas y valles sin caminos del norte de California, es hora de traer lo que llaman aquí la 'cosecha feliz'. El pasto es tan alto como el ojo de un elefante en el brillante calor del mediodía. Pero el visitante casual rara vez observa las plantas altas y con dientes de sierra, escondidas en parcelas camufladas, con trampas explosivas y vigiladas. Este otoño es una cosecha extraordinaria, con un valor de entre 500 millones y 1000 millones de dólares americanos, probablemente el cultivo comercial más valioso del estado dorado, el tazón de alimentos de América. Y mucha gente, piratas de pacotilla, la mafia, la policía en helicópteros, los ayudantes del alguacil, los agentes federales de narcóticos, quieren arrebatársela a los cultivadores.".[25]

El cultivo de drogas de California está subiendo al nivel de rey algodón u "océanos que fluyen de grano dorado": estamos hablando de condados, muchacho.

"El cultivo es el cáñamo común, el cannabis sativa (marihuana) y en los últimos tres años ha transformado la vida social y económica de una vasta zona de cinco condados del norte de California, que se extiende desde San Francisco hasta la frontera con Oregón. Es, por supuesto, ilegal, pero en este campo escarpado de 41 000 kilómetros cuadrados, los pequeños agricultores consideran que los riesgos valen la pena por los ingresos anuales libres de impuesto de 200 000 dólares o más. Esto es lo que un agricultor laborioso puede obtener".[26]

Los políticos no son necesariamente "comprados". Existen lugares como "las ciudades de la marihuana del norte de California, extrañamente llamadas ciudades apartadas (Willits, Garberville, Ukiah) donde los veteranos conservadores y los jóvenes empresarios ingeniosos con educación universitaria tienen un pacto incómodo. Quieren que la ley y los jefes políticos de Sacramento, la capital del Estado, no se metan en sus asuntos: en esta zona, deprimida desde hace tiempo por la caída de la industria maderera, la marihuana es un regalo del cielo". Aun así, los políticos intentan seguir al rebaño. "El senador estatal Barry Keene anunció que impulsaba un proyecto de ley para despenalizar el cultivo. Los efectos nocivos físicos de la marihuana no fueron probados, dijo, 'y ahora mismo lo que veo es un negocio multimillonario en el corazón de mi distrito'. Algunos 'miembros muy responsables de la Cámara de Comercio' le habían consultado si no tenía sentido despenalizar la marihuana. ¿No sería 'diversificar la economía, ampliar la base impositiva, y crear empleos en esta área de alto desempleo?'".[27]

Es discutible si el SII podría o no atrapar a más contribuyentes, pero la Contraeconomía ya está diversificada y crea muchos puestos de trabajo, no solo sin la intervención del gobierno, sino también a pesar de ella y desafiándola.

Y, como siempre, vemos la Pirámide de Capital y la red horizontal de la Contraeconomía, como lo ejemplifica el mercado de drogas. "La marihuana no es simplemente un buen cultivo. 'Ha hecho que el valor de la tierra aumente vertiginosamente', dice el agente inmobiliario Roy Johnson. 'No es mi trabajo delatar en el Servicio de Impuestos Internos, preguntar de dónde sacan el dinero estos tipos. Demonios, sería una discriminación si me negara a venderles la tierra'. Así que, en Garberville, hay más oficinas de bienes raíces que salones en la calle principal".[28]

Un político parece estar listo para otra prohibición-rendición de 1933 en la guerra contra las drogas. "El comisionado de agricultura del condado de Mendocino, Ted Eriksen Jr., reconoció el estatus de la industria al listar la producción del condado el año pasado en 90 millones de dólares. Una autoridad superior ordenó que se borrara el registro. El amable y tolerante Eriksen, cuyos antepasados han vivido aquí desde el inicio de siglo, dice: 'Supongo que una cosa es hacer dinero con el licor casero ilegal, y otra es promocionar el hecho'. En los días de la Ley seca, mi padre solía enviar uvas de vino fuera del estado en una caja etiquetada NO APLASTAR ESTO. PODRÍA CONVERTIRSE EN VINO. No veo mucha diferencia en lo que está pasando hoy en día. La marihuana es el producto agrícola número uno de este condado. Esta cosecha, traerá más de 100 millones de dólares. Las personas que se niegan a reconocer eso están enterrando sus cabezas en la arena".[29]

Afortunadamente para aquellos que desean ver el mercado libre de impuestos, no regulado y contraeconómico, los halcones del guerrero santo contra las drogas aniquilarán a esas palomas comprometedoras y realistas: "El próximo año (1982) es año electoral en California, por lo que los ambiciosos políticos estatales no lo ven como Eriksen. El fiscal general George Deukmejian, candidato a gobernador, quiere que el comisionado sea despedido y está tomando medidas judiciales para destituirlo".[30]

California posee alta tecnología y la tecnología se acerca a la cima de la Pirámide de Capital. "Gracias a la curiosa vida sexual del cannabis sativa, los jóvenes millonarios del negocio de la marihuana de California han podido desarrollar una variedad de la hierba que supera en potencia y popularidad a la colombiana, mexicana e incluso a exquisiteces como la legendaria Maui Wowie de Hawái. El cultivo hoy en día requiere tanto de la ciencia como de un tierno cuidado amoroso. Implica la alimentación forzada con fertilizantes, químicos y orgánicos, y sobre todo la 'reproducción selectiva', es decir, la eliminación sistemática de las plantas macho de la zona de la hembra. Privadas de compañía masculina, las cabezas no germinadas de la planta hembra rezuman una resina oscura que contiene de 10 a 12 veces más tetrahidrocannabinol (THC) que otras variedades. El THC es el agente activo que le da a los fumadores su subidón".

"El resultado es la sin semilla, la variedad de hierba más poderosa del mundo. El precio de 450 gramos va desde 1500 a 3000 dólares y unos 28 gramos se venden en la calle a 200 dólares".[31]

Los guerreros de la droga atacan desde el cielo con un líquido mortal, y la Contraeconomía simplemente representa el ataque. "Ayudar a hacer subir el precio es el éxito del programa de fumigación de paraquat de México, alentado por los Estados Unidos. Una vez pareció que casi cada bolsa de 'hierba' vendida era supuestamente el oro de Acapulco de México. Hoy en día, los grandes campos al sur de la frontera con los Estados Unidos son devastados anualmente con pesticidas, y la participación de México en el mercado de la marihuana de los Estados Unidos ha disminuido en un estimado de 10%".[32]

¿No podría la santa inquisición de la fumigación atacar a los herejes locales? "Ahora algunos legisladores de California quieren usar paraquat en los terrenos del norte. '¿Por qué el contribuyente debe pagar para que ejércitos de agentes de represión antidroga entren allí e incauten el material cuando el paraquat podría hacer el trabajo rápida y fácilmente?'", pregunta el jefe de la policía de Los Angeles, Daryl Gates.

"La respuesta es que los cultivadores, con un fuerte apoyo popular, están tomando una postura estricta contra la fumigación (que mata las malezas, así como las plantas de maceta). Ayudaron a aprobar una ordenanza local que prohíbe la fumigación aérea, y luego obstaculizaron a la frustrada policía cuando un condado votó en contra de aceptar una subvención federal para ayudar a pagar una 'fuerza de ataque contra la planta sin semilla' establecida por el fiscal general de California"[33].

La mayoría de los contraeconomistas no se inclinan a la política por su reducción de riesgos. "Muchos agricultores intentan evitar riesgos y reducir costes plantando en tierras ajenas.

Los parques nacionales, donde los vastos bosques se extienden fuera de los caminos transitados, rara vez ven a un turista, y otras propiedades federales son muy favorecidos. Un agente de narcóticos en Ukiah, la sede del condado dice: 'Hemos encontrado granjas en una docena de bosques nacionales, en Big Sur, incluso en la Reserva Militar Hunter-Ligett (un enorme campo de entrenamiento militar)'. Otros simplemente la cultivan en su propio patio trasero. Una abuela de 55 años, Jane Schimpff, recientemente arrestada con una cosecha de 50 000 dólares, dijo que había cultivado sus 60 plantas como 'una protección contra la inflación'".[34]

Hablaremos más sobre la inflación en la Contraeconomía en el próximo capítulo. Pero la acción de la Sra. Schimpff es por excelencia contraeconómica, cualquiera que sea el mercado. "Si ella hubiera sabido que su plantación era tan valiosa, 'Dios santo, yo la hubiese encubierto mejor'".[35] Seguramente. Y sus socios lo saben bien y viven de acuerdo a ello.

"Hace dos años el Fiscal General Deukmejian lanzó una guerra total en las granjas, llevando a sus agentes personalmente a la lucha, seguidos por los equipos de televisión. Armados con helicópteros y un despliegue de aparatos de guerra electrónica, la fuerza de ataque incautó y destruyó toneladas de hierba con un valor de millones de dólares".

"Pero a pesar de las enormes redadas, los agentes dicen que probablemente incautan menos del 10% de lo que se cultiva en esta zona".[36] ¿Dónde hemos oído esto antes?

Por cierto, Florida ya no es tan inocente con respecto a la agricultura de la droga. "Un estudio aéreo ha descubierto al menos 155 campos de marihuana en 41 condados del norte y centro de Florida, informaron ayer las autoridades. Agentes federales y estatales han incautado 51 189 plantas desde que el proyecto de inspección comenzó el 1 de junio, dijo el Departamento de Policía de Florida. Los campos clandestinos incluían uno en el condado de Levy que contenía 13 500 plantas de marihuana de hasta 3 metros y medio de altura".[37]

La red

No importa qué camino tome el Estado en un futuro próximo. Si este legalizara el "pasto", la "coca" y el "polvo" y el "caballo" se ocupará de la inactividad en los laboratorios y las redes de distribución y los agricultores "rotarán sus cultivos". Algunos productores marginales se mudarán, tal vez a la asesoría de evasión de impuestos. Por otro lado, si el Estado prohíbe algo nuevo (se descubren miles de drogas cada año) o viejo, como el tabaco, el mercado se expandirá, y entrarán algunos productos marginales que pensaban cultivar, transportar por camión o traficar. El Estado no puede ganar, aunque algunos estadistas que hacen una carrera de la amenaza de las drogas puedan. Y la Contraeconomía no puede perder, aunque los pobres riesgos serán erradicados por los arrestos. Y la Pirámide de Capital sigue creciendo con nuevas tecnologías y técnicas.

El mercado de la droga nos recuerda lo que hemos visto en la Unión Soviética, por mucho que eso pueda irritar a los anticomunistas que disfrutaron de esa sección. Tal vez les ayude a aceptarlo si se dan cuenta de que una toma de posesión de los Estados Unidos por parte de los rojos encontraría una Contraeconomía intacta lista para extenderse en los campos recién controlados.

Dos conceptos introducidos en este capítulo serán referidos fuertemente para el resto del libro: la Pirámide de Capital y la red horizontal. Antes de dejar el tema de las drogas, esta última lección aún tiene que ser asimilada en su totalidad. Exploremos el lado de la Pirámide de Capital y veamos cuánto afecta este sector de la Contraeconomía a las vidas (notamos un fenómeno similar en el capítulo uno, como recordará).

Primero, los consumidores de nuestra base. Cada familia tiene uno o más, incluso comunidades mormonas de Utah remotas o vecindarios jasídicos de Brooklyn retirados. No tiene sentido insistir en esto, excepto que toda persona que sepa que un miembro de la familia usa alguna sustancia ilícita es culpable de conspiración. Es decir, son la parte "organizada" del crimen organizado sin siquiera tocar nada ilegal. (¿Quién dijo que aún no tenemos la policía del pensamiento?) En este momento, casi toda la población de América del Norte ya está involucrada.

Pero todo traficante tiene amigos, parientes y conocidos que lo "cubren", tal vez le proporcionan lugares seguros y escondites, tal vez un compañero de habitación de la universidad, tal vez un hermano de la fraternidad o un integrante de la hermandad. Y está presente la gente en la calle o en el patio del campus o en una fiesta cóctel de Malibú que ve las transacciones y deja que ocurran, quizás incluso avisando espontáneamente al empresario del paso de las fuerzas del orden.

Esta red libertaria, que algunos podrían considerar una complicada red de corrupción, se extiende por las comunidades agrícolas rurales a medida que los agricultores o sus últimos descendientes diversifican los cultivos de forma clandestina. Los laboratorios científicos presentan reducidas actividades de pluriempleo y los asistentes de laboratorio silenciosos y los técnicos de las cooperativas se unen a la red sin tarjetas de membresía.

"Las fuerzas federales antidrogas se están 'quedando atrás' en la lucha

contra los laboratorios secretos de este país que producen ilegalmente estimulantes, depresivos y alucinógenos, dijeron el viernes los investigadores
del Congreso. La Oficina de Contraloría General estadounidense dijo en
un informe que estas drogas no narcóticas y peligrosas mataron a más de
3200 personas en 1979, más del quíntuple de las que murieron a causa de
la heroína, el principal objetivo de los agentes de la ley antidroga. Según
el informe, la mayoría de las drogas sintéticas se producen en laboratorios
clandestinos o se desvían de los sistemas legítimos de distribución de drogas".

"Unas pocas oficinas de la DEA han logrado 'un impresionante aumento'
en el número de incautaciones de laboratorios secretos (de 33 en 1975 a
234 en 1980) pero los laboratorios ilícitos siguen floreciendo, según el
informe".[38]

Los talleres pueden encontrar que están proporcionando y reparando un
montón de vehículos pagados en kilos en lugar de dólares. O por lo menos en efectivo, en cualquier caso, usted no llena ningún documento en
la ejecución de sus trabajos y no pregunta por qué tienen parachoques
huecos o puertas ocultas. Los técnicos de los hangares en los aeropuertos
y los trabajadores de los muelles en las marinas de yates encuentran que el
silencio puede ser el oro de Acapulco. Y luego están sus familiares y amigos que descubren, accidental o casualmente, de dónde vino ese bono y,
en lugar de reportarlo rápidamente como lo exige la ley, se unen a la red.

En la cima de la Pirámide de la Capital, podemos encontrar que la red
se extiende desde los banqueros que saben de dónde vienen sus grandes
depositantes, pero oficialmente no saben de donde proviene su dinero... y
su familia y amigos en el club de campo y el registro social, incluyendo do-
nantes de campaña, abogados... y jueces. En este punto, intereses creados
parece un término apropiado para los hilos que unen la red.

Arriba y abajo, repartidos por toda la sociedad, desde los artistas bo-
hemios hasta los químicos investigadores, desde el barrio bajo hasta la
sala de juntas, y desde Watts hasta Beverly Hills, la red crece, perdiendo
algunas hojas, ramas y raíces, pero siempre brotando más. Las afinidades
y la confianza que llenan esta estructura esquelética pueden extenderse a
la resistencia a los impuestos, la evasión del servicio militar, la protección
contra la inflación (próximo capítulo), y todas las demás formas de Contraeconomía que este libro cubre.

A menudo, la Contraeconomía de las drogas es el primer contacto que los jóvenes occidentales tienen con lo que sus homólogos orientales contactan desde el nacimiento (y con el movimiento *Parto en casa*, que también puede cambiar, véase el capítulo trece) con los "bienes no autorizados". *Nalevo*. Es una lección que les servirá al encontrarse con una red tras otra en el mercado que realmente sirve al mundo: la Contraeconomía.

"El apetito de América por la marihuana parece insaciable. Por lo menos 11 toneladas se fuman al día, y los consumidores demandan variedades cada vez más potentes de la droga.

El ex asesor de la Casa Blanca y autoridad en materia de drogas, Dr. Peter Bourne, estima que la industria de la marihuana se encuentra entre la media docena más importante de fabricantes de dinero en la nación, totalizando alrededor de 50 mil millones de dólares. Bourne, un defensor de las penas menores por posesión (pero no de la legalización), llama a la marihuana 'el problema de drogas más difícil del país, la pesadilla de un político'".[39] Y es el deleite de un contraeconomista.

Uno de los problemas que tienen estas redes es un problema en el uso del dinero, es decir, el uso de la moneda del monopolio del Estado. "Cuatro millones de dólares, en billetes pequeños, es un poco como un San Bernardo: bonito, pero difícil de esconder. Así que cuando los agentes federales irrumpieron en la oficina de una red de narcotráfico de Miami en agosto pasado, encontraron una pila de dinero del tamaño de un pequeño refrigerador. Los 4 millones de dólares del botín representan dos días de flujo de efectivo de una operación de contrabando, haciéndose pasar por una empresa de cambio de divisas, que las autoridades dijeron que había estado operando en el sur de Florida durante quince meses. La redada representa un nuevo énfasis en una vieja herramienta de aplicación de la ley, atrapar a los delincuentes rastreando sus ganancias. Pocos traficantes de drogas aceptan MasterCard o Visa, por lo que los mayoristas acumulan rápidamente cajas, bolsas y maletas llenas de billetes de 10 y 20 dólares.

"Es un problema logístico muy grave para los criminales mover tanto dinero en efectivo", dice William Meglen, director de la división de investigación de divisas del Servicio de Aduanas. 'Quiero decir, estamos hablando de grandes cantidades'".[40]

Pero la Contraeconomía no es nada si no es innovadora e ingeniosa. "Los criminales frustrados a veces tratan de transferir el dinero de maneras inusuales. María Rojas de Bogotá, Colombia, fue arrestada en el aeropuerto de Miami el año pasado llevando 1,5 millones de dólares en ocho cajas de Monopolio 'selladas en fábrica'. En Florida, son comunes las historias de clientes que pagan por automóviles de lujo con bolsas de dinero. Un presunto traficante de cocaína pagó en efectivo varias parcelas de bienes raíces, un Rolls- Royce, y un yate de 18 metros".

"Miami se ha convertido en el Wall Street de este dinero clandestino. Las autoridades federales señalan lo que llaman la 'grotesca' cantidad de dinero que fluye hacia el Banco de la Reserva Federal de Miami, donde los depósitos saltaron de alrededor de 471 millones de dólares en 1974 a más de 4 mil millones de dólares en 1979".[41]

Lo que los vendedores de sustancia de su elección necesitan aprender es lo que nuestros rebeldes fiscales están aprendiendo: cómo salir del sistema monetario del Estado, al menos parcialmente. Y una razón adicional, que todos ellos comparten con el resto de la economía, es la depreciación del Estado del medio de cambio forzado, la inflación.

Y así, como hemos de esperar, el mercado responde con la Contraeconomía de la inflación.

Notas a pie de página:

1. El autor (SEK3) está particularmente en deuda con el famoso psiquiatra Dr. Thomas Review por estimular su evolución, pero es responsable de sus propios puntos de vista. Para los que comprueban los intereses personales, el autor confiesa ser un bebedor social y fumador de pipa. Esta área es uno de mis raros casos de moderación.
2. Böhm-Bawerk, E. V. (1890) Capital and interest [Capital e intereses]. New York: Macmillan & Co. Veremos más de los austriacos a lo largo del libro.
3. The marijuana smuggling war is heating up the high seas [La guerra de contrabando de marihuana está calentando los mares]. (1981, January 5). Zodiac News Service.
4. McReynolds, M. (1981, September 7). Uphill fight against trafficking — Colombia coast region a 'pot' empire [Lucha contra el tráfico. La región de la costa de Colombia es un imperio de la 'marihuana']. Los Angeles Times, p. IA-10.
5. Ibid.
6. Ibid.
7. Ibid.
8. Ibid.
9. Ibid.
10. Ibid.
11. Kennedy, J. M. (1981, October 17). "Petroleum of Lebanon" goes to market: Hashish harvest is a profitable fact of life in war-torn country [El "petróleo del Líbano" va al mercado: la cosecha de hachís es un hecho rentable en un país devastado por la guerra]. Los Angeles Times, p. IA-1.
12. Ibid.
13. Ibid.
14. Ibid.
15. Ibid.
16. Ibid.
17. Ibid.
18. Pakistan opium flooding west [El opio de Pakistán inunda el oeste].

(1981, October 11). Los Angeles Times, p. I- 5.

19. Ibid.
20. Ibid.
21. Ibid.
22. Ibid.
23. Federal officials say that the state of Florida would suffer.... [Los funcionarios federales dicen que el Estado de Florida sufriría...]. (1980, April 14). Zodiac News Service.
24. El autor tuvo contacto personal con un agente de este mercado a plazo en 1975 pero ha pasado a otras manos desde entonces.
25. Scobie, W. (1981, October 12). Pot luck in the high hills [La suerte en las altas colinas]. Maclean's 94(41), p. 11.
26. Ibid.
27. Ibid.
28. Ibid.
29. 29. Ibid., p. 14.
30. Ibid.
31. Ibid.
32. Ibid.
33. 33. Ibid., p. 17.
34. Ibid.
35. Ibid.
36. Ibid.
37. 155 marijuana fields found in aerial survey of Florida [155 campos de marihuana encontrados durante una inspección aérea de Florida]. (1981, November 17). New York Times, p. 12.
38. Ostrow, R. J. (1981, November 14). Drug agents face overdose of secret labs: GAO accuses enforcers of losing battle against non-narcotics [Los agentes de drogas se enfrentan a una sobredosis de laboratorios secretos: La Contraloría General estadounidense acusa a los ejecutores de perder la batalla contra los no narcóticos]. Los Angeles Times, p. I-10.
39. Scobie, W. op. cit., p. 11.
40. Grier, P. (1981, October 29). Paperwork used to do in drug dealers: Profits traced as federal agents press drive against cash-laden criminals [El papeleo que se utiliza en el tráfico de drogas: las ganancias rastreadas mientras los agentes federales presionan a los criminales con dinero en efectivo]. Los Angeles Times, p. IC-1.
41. Ibid.

V. Contraeconomía de la inflación

Inflación: el gran contraeconomizador

La inflación se conecta e interactúa con toda la Contraeconomía, desde los impuestos hasta las drogas y más allá (como acabamos de ver y veremos más enseguida). Sus efectos, y los recientes intentos de comprender su naturaleza y funcionamiento, han sido un gran radicalizador de los norteamericanos. Los europeos de Oriente y Occidente y los del Tercer Mundo se han visto más afectados por la inflación y han adoptado medidas contraeconómicas contra ella (de manera más impresionante en Polonia y en los países latinoamericanos más inflacionarios), pero la toma de conciencia en esos países no ha sido igual a la de América del Norte, donde surgió todo un género de libros que no pertenecen al género de la ficción a principios de los años setenta, que predecían una inflación aún mayor y más catastrófica, aconsejaban que se adoptaran medidas contra la ruina económica (sobre todo medidas prácticas para las personas y las familias) y, lo que es más sorprendente, anticipaban sin equivoco el aumento del precio del oro.

La inflación afecta o contamina gran parte de la economía, así como también a la Contraeconomía, porque el dinero está involucrado en la mayoría de las transacciones en una economía desarrollada. Las excepciones son fáciles de enumerar: el beneficio "psíquico" de la ganancia emocional y el trueque. Pero incluso muchas cosas, si no la mayoría, hechas por amor implican costos en bienes y servicios, y el trueque "en la economía formal" es mucho más caro que la transacción equivalente en el mercado con alguna forma de dinero. (El trueque contraeconómico es otro concepto totalmente distinto, como se verá inmediatamente)[1].

La conmoción de la conciencia repentina de una víctima de la inflación que descubre qué es el dinero y cómo su gobierno lo manipula se compara estrechamente con la de un patriota relajado que se enfrenta a un aviso de reclutamiento y descubre que esta guerra no tiene sentido. O la conmoción de un conservador hombre de negocios que descubre que los impuestos que lo destruirán no solo fueron justificados por su amada Constitución, sino que el gobierno federalista organizado por primera vez bajo la Constitución venció rápidamente a los rebeldes del Impuesto al Whisky de Pennsylvania.

Sin embargo, la guerra y los impuestos a menudo afectan ligeramente a algunas víctimas y duramente a otras. La inflación es el gran contraeconomizador: saquea a todos sin preferencia, aunque, hay que resaltar, que el saqueo va a alguna parte hacia alguien. Las viudas, los huérfanos, los minusválidos y los retraídos de la sociedad fervorosos y conscientes están exentos de la guerra y de los impuestos, pero no de la inflación.

El propio estudio de la Contraeconomía y su desarrollo por este autor comenzó con la gran avalancha de los *Gold Bugs* (defensores del oro como depósito de valor frente a la devaluación del dinero) en 1972-73. Harry Browne en particular, junto con Harry Schultz, y más tarde Douglas Casey y John Pugsley y muchos otros, dieron un gran paso desde el antiguo movimiento económico de libre empresa identificado en gran medida con la derecha política. En ese momento estos activistas antiinflacionarios se apartaron de los conservadores y defendieron y demostraron dónde los individuos podían tomar medidas concretas para salirse voluntariamente de la economía general y protegerse a sí mismos. Los empresarios libres y conservadores siguieron animando a que se apoyara un gobierno diferente que hiciera retroceder al Estado a través de cualquiera de los partidos políticos: Demócratas, Republicanos, Libertarios, incluso el izquierdista Partido de la Paz y la Libertad fue considerado como el vehículo durante un tiempo (1974).

Harry Browne dio otro paso más allá del género "Cómo puedes prosperar del colapso venidero" (*How You Can Prosper From The Coming Collapse*) con su libro "Cómo encontré la libertad en un mundo sin libertad" (*How I Found Freedom In An Unfree World*).

Browne descubrió lagunas en la red de regulaciones del Estado no solo en la protección de la inflación sino en todo el mercado. Es decir, se podría evadir legalmente, o al menos no ilegalmente, todos los impuestos, la inflación y los controles. Por supuesto, esta libertad tuvo un alto precio en un mundo sin libertad.

Los defectos en las posturas de Browne desalentaron a algunos entre su gran número de lectores, pero alentaron a otros a dar el siguiente paso. Una de las fallas de la vida de Browne en los intersticios era que uno se veía obligado a ir a donde el Estado dirigía involuntariamente. Había un riesgo adicional presente de que el gobierno cambiara de opinión y tomara medidas drásticas, y normalmente lo haría tan pronto como alguien (como Browne) hiciera públicos y populares estos intersticios.

Así que el último paso lo dieron este autor y algunos otros en 1973: ¿por qué no aplicar las lecciones de evadir los reglamentos y controles del Estado para evadir la aplicación de controles por parte del Estado? Para sorpresa de la mayoría de nosotros, los teóricos encontramos un mercado totalmente exitoso ya existente, sin saber la razón por la que deberían hacer lo que estaban haciendo.

El oro fue el catalizador y eso no fue un accidente. Varios libertarios que estaban involucrados en el contrabando de oro y luego lo exhibieron públicamente, desafiando a los Estados Unidos a que los arrestaran y les dieran un caso precedente, descubrieron que casi no se les molestaba. La idea se amplió: si el Estado era en gran medida impotente para suprimir el oro cuando era ilegal, entonces ¿qué nos impedía realmente sustituir el papel moneda de los Estados Unidos por el oro, al menos en *nuestras* transacciones?

Y entonces sucedió que un banco de oro (bajo un nombre falso, por supuesto) se desarrolló y está prosperando hoy en día. Pero para comprender las implicaciones de este suceso y lo apocalíptico que es, es necesario que se revise un poco la economía básica en la Contraeconomía.

La naturaleza de la inflación

La palabra "inflación" se utiliza de dos maneras, lo que aumenta la notable confusión sobre el tema. La mayoría de las veces, evoca el aumento de los precios. La definición original y correcta es mucho más clara y se utilizará aquí. La inflación es el aumento del suministro de dinero fiduciario (creado por el gobierno). Una de sus consecuencias es un aumento general de los precios (aunque los precios individuales pueden ir en contra de la tendencia).

El dinero es un medio de intercambio. Muchos de los que han experimentado con la reciente moda del trueque han descubierto que tener algo popular con lo que comerciar, o por lo que comerciar, facilita enormemente la búsqueda de socios comerciales. Alguien puede querer mucho sus pinturas al óleo, pero usted necesita zapatos, no el concierto de música que le ofrecen. ¿Quizás a un zapatero le guste lo suficiente la música...? Si la mitad de los socios comerciales fuman, entonces el tabaco se convertirá (y a menudo lo hace) en un medio de intercambio. Incluso los no fumadores lo aceptarán, al saber que hay muchos fumadores con los que comerciar.

La gente históricamente pasó por varios medios de intercambio diferentes. Cuanto más universalmente se aceptaba la mercancía, más dinero se ganaba. La durabilidad era útil para el ahorro: ¿quién quería que sus ahorros se menoscabaran? Y cosas como la fácil divisibilidad para el cambio, la compactibilidad y la consistencia de la calidad realzaron el aspecto monetario. Por buenas razones químicas sólidas, una sustancia se convirtió en la elección obvia y única, y sus primos más cercanos en la tabla periódica de los elementos de la química eran las alternativas favoritas.

Oro, plata, cobre, platino y paladio: estas son las formas materiales elegidas para encarnar la enormemente útil abstracción del dinero. En francés, la palabra para dinero es plata (*argent*). El oro es sinónimo de dinero en danés (*geld*). Las libras esterlinas eran libras de plata, incluso el dólar definía una medida (española) de metal precioso.

El dinero fiduciario es dinero impuesto por el Estado. A veces el rey se limitaba simplemente a ratificar la moneda imperante y se contentaba con poner su imagen real o imperial en una medida de metal precioso acuñado para "garantizar" su valor. En realidad, el valor se transfería en la otra dirección; ¿cuántos gobernantes eran "tan buenos como el oro"?

En lugar de garantizar el valor, comenzando al menos en el Imperio Romano, los gobernantes devaluaban las monedas al realizar la aleación con metales comunes o al "recortar" los bordes de la moneda de modo que se ofreciera a cambio un peso inferior al esperado (masa, en realidad, en aras de la pureza). Sin repasar la larga historia del dinero en detalle, es justo decir que la relación entre el Estado y el dinero es la corrupción y el fraude. Si el dinero es la raíz del mal, la raíz del dinero maligno es el gobierno.[2]

El dinero fiduciario es dinero impuesto por decreto. No es ni voluntario ni generado espontáneamente en el libre comercio entre adultos que lo consienten. Solo en los Estados Unidos se han experimentado varios episodios de inflación severa a través del dinero fiduciario, comenzando con los "soldados americanos" de la revolución. También existe un fuerte vínculo entre la guerra y la inflación: los soldados americanos de la revolución, el dinero de la guerra civil/guerra entre los Estados, la grave inflación de las guerras mundiales I y II, Corea y Vietnam. No es una coincidencia, la inflación es una forma de tributación y pelear en las guerras necesita muchos impuestos.

Al igual que los impuestos, la inflación debe ser aplicada. El mecanismo de imposición del dinero fiduciario es la ley de la moneda de curso legal. Se deben aceptar los devaluados certificados de papel del gobierno que supuestamente representan dinero o enfrentarse a una sanción legal.

En la China nacionalista, justo antes del colapso de su control sobre el continente, la inflación de la moneda fue tan severa (para financiar la Guerra Civil China) que los comerciantes que desafiaban los controles monetarios y de precios fueron alineados y fusilados por los funcionarios del Generalísimo Chiang Kai-Shek. Mao Tse-Tung prometió oro y se ganó a los pequeños "capitalistas" para su régimen comunista.[3]

Si los comerciantes se arriesgaran a morir en lugar de aceptar dinero fiduciario inflado, entonces el vínculo entre la hiperinflación y la revolución (o al menos los cambios drásticos de gobierno) no es fortuito. En caso de que no ocurra una agitación general, la Contraeconomía se ve fuertemente impulsada por una fuerte inflación. Los controles de precios, a menudo utilizados para combatir la inflación (que es como retener el mercurio en un termómetro para combatir la fiebre) convierten casi todo el mercado en un mercado negro de la noche a la mañana. El almacenamiento compulsivo de oro es común incluso entre los pobres de los países europeos y latinoamericanos con repetidos episodios de hiperinflación.

Los norteamericanos son los más complacientes del mundo en cuanto a aceptar dinero fiduciario como dinero real. Una de las razones es que el último colapso de la moneda fue hace doscientos años en los Estados Unidos. Pero la actual escalada de devaluación del dólar americano está afectando esa confianza y la fuga hacia el oro legal, los activos extranjeros y la moneda extranjera, y los sustitutos contraeconómicos se están acelerando.

Aunque hay algunos factores secundarios (que pueden eliminarse en su mayor parte en un promedio a largo plazo), el "precio del oro" no ha subido drásticamente. El oro es el medio de intercambio más estable posible. El precio del dólar en términos de oro ha bajado considerablemente. En términos de la definición original del peso del oro del dólar (utilizada a lo largo del próspero siglo, en su mayoría de dinero duro, de 1814 a 1914), el dólar de hoy en día vale tres centavos por un níquel. Si alguno de ustedes recuerda que a principios de siglo una cerveza con un almuerzo gratis costaba cuatro centavos, puede ver que la relación de precios sigue bajo control.

Es bastante obvio que, si la gente es libre de elegir su propio dinero, como han sugerido recientemente algunos economistas,[4] es decir, la gente es libre de rechazar una forma de dinero y convenir el pago en otro, entonces o bien el gobierno se comportará y simplemente certificará de forma extra la medida del dinero (que siempre se puede comprobar por medios físicos y químicos) o bien el dinero del gobierno será menospreciado y la Ley de Gresham tomará el poder.

La ley de Gresham ha sido generalmente declarada de esta forma: "el dinero malo expulsa al bueno". (El dinero "bueno" se acumula y el "dinero malo" se da en pago y por lo tanto predomina en la circulación). Esto termina con el *Crack-Up Boom* (recesión en la economía real y un colapso del sistema monetario) cuando el "dinero malo" no tiene valor y solo queda el "dinero bueno".

Entonces la inflación es en su esencia una forma de robo por los gobernantes de un país. El suministro de dinero es en primer lugar controlado por el gobierno, y luego el Estado aumenta el número de unidades mediante diversas manipulaciones contables.

La existencia de una mayor cantidad de dólares persiguiendo la misma cantidad de bienes es, en resumidas cuentas, la inflación. Tiene otros efectos, pero, salvo para unos pocos privilegiados, son abrumadoramente negativos para la mayoría de los valores de la mayor parte de la gente. Para darse cuenta de la naturaleza apocalíptica de la inflación y el movimiento de supervivencia cada vez más contraeconómico, se necesita un rápido esbozo de los efectos cataclísmicos a largo plazo.

Inflación y supervivencia

La inflación causa depresiones y las depresiones estimulan una mayor inflación. La espiral se repite hasta un punto crítico en el que el sistema monetario se colapsa, es el *Crack- Up Boom* de Ludwig Von Mises. Un ejemplo dramático reciente ocurrió en Alemania en 1923. El descrédito de los partidos políticos gobernantes condujo a la toma de posesión de los nacionalsocialistas y al Tercer Reich, un acontecimiento que la mayoría consideraría cataclísmico.

Parece paradójico que muchos asesores de inversión aparentemente sensatos, analistas de mercado, *gold bugs* o defensores del oro y demás, estén fuertemente comprometidos con los escenarios pesimistas del "fin del mundo". El esbozo anterior explica por qué.[5]

Los supervivientes ven una inflación generalizada y desenfrenada en todo el mundo y el colapso de la oferta monetaria. Extrapolando las condiciones actuales a lo largo de líneas económicas históricamente verificadas se demuestra que tienen razón. Y por esta razón almacenan oro, plata y productos básicos en lugares lejanos y extranjeros o en las tierras salvajes de América del Norte.

Los supervivientes a menudo están dispuestos a evadir y romper las leyes y controles. Después de todo, si el fin del mundo se acerca, y el gobierno es responsable, ¿por qué debería obedecerse al Estado? Y de esta forma, dan el paso hacia la Contraeconomía.

Los actos contraeconómicos típicos de los supervivientes son la evasión de impuestos (por supuesto), la evasión del control de divisas (para almacenar su dinero de forma segura y sin revelarlo a los bancos extranjeros), la evasión de la reglamentación de construcción (para retiros de supervivencia), la evasión del control de armas y la evasión del control de drogas (para almacenar sus retiros), el contrabando (si ellos desean un retiro en el extranjero), y la evasión de todas las leyes de divulgación obligatorias. Esta última es necesaria, si el gobierno puede llegar a usted, a su dinero y/o a su retiro de supervivencia cuando llegue la crisis, ¿de qué sirvieron sus preparativos? No hay resultados de supervivencia.

Al almacenarlos en oro y bienes, e incluso los pobres pueden hacerlo[6], se facilitó el paso a un sistema monetario contraeconómico. Solo hizo falta que alguien se diera cuenta de que no había que esperar al colapso final para sustituir el dinero que los *gold bugs* y los supervivientes (que ahora son millones), al menos se dieron cuenta de que se había impuesto por la fuerza, se había devaluado intencionadamente y era mucho menos preferible a las principales alternativas de mercancías. Y así se introdujo el Banco de Oro. Puesto que algunas de sus operaciones, incluso con el intersticio de Browne, eluden las leyes, y todas ellas serán declaradas ilegales cuando se sobrepase la inflación (a juzgar por la mayoría de los relatos históricos), el Banco de Oro debe ser contraeconómico. Y lo es.

Siempre existe la posibilidad de que el gobierno entre en razón y deje de aumentar los precios. Esa esperanza fue, al menos para América del Norte, aniquilada por la elección y la "venta" de Ronald Reagan como presidente, considerado en general el defensor más fuerte del "dinero duro" que pudo ser elegido para ejercer el poder. Su Comisión de Oro se negó a implementar un estándar de oro para el dólar americano, y, mientras esto se escribe, se está inflando el suministro de dinero de los Estados

Unidos para el próximo giro de la espiral, que será más alto que nunca. La desmoralización de los moderados *gold bugs* puede ser suficiente para emprender el vuelo hacia los bienes reales en este ciclo. (Véase la nota de pie de página 5).

Puede sorprender a algunos encontrar que la Contraeconomía realmente ofrece una esperanza considerable. El suministro de dinero podría ser reemplazado, de forma ilegal pero pacíficamente, antes de los trastornos más graves del *Crack-Up Boom*. La manera en que se está haciendo (y cómo usted puede participar) se explicará en detalle a partir del ejemplo de la vida real después de un último preámbulo.

Dinero contraeconómico

La gente común necesita protección contra la inflación. Afecta a todo el mundo (nadie puede realmente obedecer todas las leyes ya que muchas se contradicen entre sí). Los contraeconomistas (los descritos en los capítulos anteriores y siguientes) necesitan una moneda segura. ¿Qué significa esto?

"Un banquero y otros tres fueron condenados el martes por participar en un plan de lavado de dinero de la droga a través del Banco Garfield... Un jurado federal deliberó menos de dos días antes de encontrar a los cuatro culpables de conspiración e incumplimiento de las leyes que requieren que los bancos presenten informes sobre los depósitos de más de 10 000 dólares".[7]

Todos los contraeconomistas necesitan formas de realizar transacciones financieras libres de las miradas curiosas del gobierno para reducir considerablemente sus riesgos. Con el fin de evadir la revelación de ingresos, la mayoría son también evasores de impuestos. Algunos resuelven el problema comprando bancos.

"John A. Gabriel, ex presidente del banco (Garfield) y presidente de la junta directiva, fue acusado junto con los demás en julio. Se declaró culpable de los cargos de no haber reportado casi 500 000 dólares en transacciones monetarias. Gabriel y el banco han pagado al gobierno cerca de 2,3 millones de dólares en multas".[8]

Poseer un banco fiduciario que opera en la Contraeconomía es útil, pero no es mucho más arriesgado que operar un banco de oro. El oro también tiene la ventaja para los traficantes de drogas, los contrabandistas y todo tipo de contraeconomistas que operan en el extranjero: es un medio de cambio mucho más universal que incluso el dólar.

"El oro del mercado negro en Moscú ahora tiene un precio equivalente a 2400 dólares por cada 28 gramos, cerca de cuatro veces más que las tasas mundiales actuales, según fuentes familiarizadas con el comercio. En otras partes del país, como en el Asia Central Soviética, los precios tienen fama de ser aún más altos".[9]

El dinero fiduciario soviético es el más estrictamente controlado. ¿Se está inflando el rublo? "La inflación también impacta el mercado negro. Una fuente dijo que una moneda de oro zarista de cinco rublos que costaba el equivalente a 100 dólares en el mercado negro en los años sesenta ahora cuesta cerca de 400 dólares. Incluso los empastes de dientes de oro pueden ser vendidos a precios más altos".[10]

En otras palabras, todas las razones para el dinero contraeconómico en América del Norte se aplican a la sombría Rusia. "Las personas que han adquirido dinero ilegítimamente son comprensiblemente reticentes a poner grandes sumas en bancos controlados por el Estado por temor a preguntas desagradables. Mantener grandes cantidades de dinero en casa también es peligroso. Desde la revolución bolchevique de 1917, la moneda nacional ha sido cambiada varias veces, y con esto el 'dinero viejo' se vuelve inútil después de cada reforma..."

"Cualquiera que no quiera tener que dar cuenta de cómo obtuvo su dinero podría inclinarse a colocar su dinero en oro', dijo un escritor de Moscú que pidió no ser identificado. 'De esa manera, siempre es seguro'... El mercado negro ofrece confidencialidad sin preguntas".[11]

El colapso de Camboya muestra tanto la universalidad del oro como su función como instrumento para canjear durante el colapso económico. "A pesar de la prohibición del comercio transfronterizo en Tailandia, el río de oro que comenzó a fluir desde Camboya en 1979 con la primera oleada de refugiados hambrientos, se continúa alimentando en un mercado negro que distribuye bienes escasos a través de Camboya dirigida por Vietnam e inyecta millones de dólares en la economía tailandesa. 'El negocio está mejor que nunca', dijo un comerciante camboyano sobre el 'mercado de metales' no oficial que funciona en Nong Chan, uno de los varios asentamientos de refugiados no oficiales que se extiende a ambos lados de la frontera".[12]

La relación entre el riesgo y los beneficios, que es la base de la Contraeconomía, es claramente visible a partir de la relación entre el precio del oro y la distancia (con respecto al peligro percibido). "En pequeños puestos de

Nong Chan y otros campamentos fronterizos similares, mercancías como jabón, pilas de linternas, bolígrafos y arroz se venden por solo un poco más de lo que se venden en el cercano mercado tailandés de la ciudad de Aranyaprathet. A medida se adentra en Camboya, el valor de las mercancías cambia, entonces los precios aumentan, según los observadores...

"'Es un viaje peligroso de regreso (a Camboya), por lo que esta gente quiere una buena tasa de rendimiento", dijo un diplomático occidental, agregando que algunos de los bienes realmente encuentran su camino a Vietnam".[13] Tal vez la Contraeconomía tiene su propia versión de la venganza.

Anteriormente se planteó que la inflación es un buen concienciador o contraeconomizador. ¿Y el colapso monetario causado por el mercado negro de Tailandia? (Sabemos que los camboyanos están radicalizados.)

"Los esfuerzos del gobierno tailandés para detener el mercado negro han enfurecido a los aldeanos tailandeses, que dicen que el comercio está tan activo como siempre, pero está reservado a los militares. 'Si vas a la frontera a vender a los camboyanos y los soldados toman tus cosas, las venden y se meten en el bolsillo el dinero delante de ti, ¿cómo puedes sentirte?', preguntó un comerciante tailandés. 'Antes del mercado negro, a la gente le agradaban los soldados', dijo. 'Ahora el 90% de la gente les teme y les disgusta'".[14]

Incluso con toda esa cantidad de oro, se utilizan los bancos. "...el diplomático dijo que las recientes transferencias diarias de fondos de Aranyaprathet a Bangkok en un banco tailandés habían aumentado. Antes de 1979 eran unas cantidades irrisorias y su valor llegó a 500 000 dólares".[15] Los bancos son necesarios por dos razones: para manejar convenientemente grandes sumas de riqueza y para interactuar con el mercado formal o blanco.

En realidad, hay otras formas de manejar grandes riquezas de forma contraeconómica. Drogas como la cocaína y las gemas son fáciles de contrabandear y ocultar. La interfaz con el resto del mercado es mucho más valiosa para la mayoría de los contraeconomistas de gran escala. Los ricos simplemente sobornan para entrar en bancos aparentemente legítimos.

Entonces, ¿qué hacen los contraeconomistas más pobres y de clase media?

Oro conveniente

Peristas, cambistas y otros intermediarios se han ocupado del problema del "lavado" de dinero negro en blanco. Cuando el dinero en sí es el problema, se necesita mantener la mayor parte de su dinero en negro (en dinero duro ilegal o a punto de ser ilegal). Es posible ocultar los bienes de contrabando, tomando el riesgo adicional, y convertir los activos cuando llegue el momento. Muchos sobrevivientes encuentran que eso encaja muy bien en sus planes.

Suponga que usted puede depositar dinero fiduciario en lo que parece ser un banco. Este banco contraeconómico convierte su depósito en oro y mantiene el depósito en oro, a salvo de los estragos del gobierno. ¿Tiene una cuenta que pagar? Escriba un "cheque" y el Banco Contraeconómico del Oro (BCO en adelante) convierte el oro en dólares al precio de hoy y envía un cheque bancario ordinario con su documentación. ¿Tiene que pagar una factura contraeconómica? Escriba un cheque con valor en oro a su socio comercial para que así él pueda cobrar el oro del BCO o depositarlo en su cuenta de oro sin tener que utilizar los dólares o tener ninguna prueba externa de la transacción.

Tal descripción no es solo el sueño de un completo contraeconomista, sino el de cualquier retraído de la sociedad a tiempo parcial, superviviente, *gold bug*, o incluso viudas y huérfanos devastados por la inflación. Esto ya existe aquí, por lo menos en California del Sur, un lugar adelantado a su tiempo.

El Banco Contraeconómico

El Banco Contraeconómico del Oro es una verdadera innovación. Muchos, si no todos, de los designados como los que ejercen "la profesión más antigua del mundo" son contraeconómicos, pero el BCO es realmente algo nuevo. El crecimiento de la Contraeconomía de la información tiene algo que ver con ello, pero en gran medida debe su existencia a una mayor comprensión de la teoría económica combinada con la acción contraeconómica (véase los últimos tres capítulos).

Los bancos, o incluso los que están cerca de serlo, son complicados de poner en marcha. La confianza debe ganarse, dolorosa y lentamente. Desde la toma de conciencia en 1972, varios lo han intentado y han fracasado. Uno, sin embargo, ha tenido éxito y después de dieciséis años de operación continua es ahora el centro financiero de varios "negocios de libre mercado" incluyendo imprentas, tipógrafos, fabricantes de artículos de cuero, consultores de computación, y varios negocios nuevos que se inician en cualquier momento. Volveremos a esta "comunidad agorista" cerca del final del capítulo y ofreceremos más detalles sobre su funcionamiento cerca del final del libro.

Este particular Banco Contraeconómico del Oro se llamará A&Co. Debido a las leyes relativas a los estatutos de los bancos (el gobierno mantiene un estricto control sobre los bancos), A&Co. nunca se llama a sí mismo un banco en su publicación introductoria, sino que simplemente se refiere a sí mismo como "un fideicomiso de negocios de libre mercado" y opera abiertamente pero no de forma notoria.

El principal folleto explicativo de la operación del A&Co tiene algunos eufemismos, pero llama directamente a la libreta de las cuentas corrientes de oro, un instrumento monetario de libre mercado. Después de dos páginas de introducción a la economía de la inflación, se exponen detalles específicos de las cuentas corrientes de oro. El dinero se define en gramos de oro (una onza troy equivale a 31,10 gramos). A&Co requiere un contrato firmado por adelantado con el titular de la cuenta:

La mecánica es simple y precisa. "Los tipos de cambio de depósito-pago para las cuentas corrientes de oro son:

• Determinados actualmente una vez al día, cuando los mercados de oro están abiertos, a la 1:45 p.m. Cuando nuestro volumen lo permita, determinaremos las tasas más a menudo durante cada día hábil;

• Mantenidos en un margen del l% y

• Basados en la moneda de oro de menor prima disponible, que a veces produce tasas de depósito con descuento sobre los lingotes de oro y tasas de pago con prima sobre los lingotes de oro".

"Las cuentas corrientes de oro ganan actualmente un 1,0% pa (por año), pagadero mensualmente, en saldos entre 100 gramos de Au (Au es el símbolo químico del oro) y 400 gramos de Au. Las cantidades superiores a 400 gramos de Au no ganan intereses en este momento".

A&Co explica que aceptan depósitos en piezas de oro, billetes de la reserva federal (dólares), giros postales (prepagadas en la oficina postal) e "instrumentos en dólares (cheques bancarios, giros postales y demás)". A de A&Co y otros tienen cuentas corrientes personales (aclaran abiertamente) para tratar con los instrumentos.

Los recibos de depósito son sencillos y se puede rellenar la cantidad de oro directamente en gramos (si eso es lo que se deposita) o en dólares y A&Co colocará el tipo de cambio, convertirá los dólares en gramos de oro y le enviará el recibo con las cifras definitivas.

El oro puede ser depositado en cualquier forma. El oro se pagará a petición en monedas austriacas de 100 coronas (30,5 gr). Como es difícil conseguir "monedas pequeñas" en oro, una de las ventajas obvias de un BCO es para la gente más pobre que ahora puede "especular" con el oro depositándolo en una cuenta de A&Co en dólares para su conversión, y volviéndolo a convertir con un precio y tiempo posterior. Todos y cada uno de los dólares son aceptables.

(En caso de que aún no sea obvio, el papel moneda beneficia a los ricos con conexiones gubernamentales. El oro es la principal defensa de los pobres indefensos. La propaganda de toda la vida que dice lo contrario es claramente diseñada para favorecer ciertos intereses. Los ricos y poderosos beneficiarios de la inflación muestran un fuerte interés en hacer que el oro sea difícil de obtener y de negociar).

En la octava página sobre las cuentas corrientes de oro estamos a mitad de camino y se explica el procedimiento más complicado. Los cheques del propio banco de oro se llaman "órdenes de transferencia" y se puede escribir a otro miembro del banco para transferir ya sea oro o dólares. La única complicación es, como se mencionó en la sección anterior, la transferencia del pago al "mercado exterior", es decir, la interconexión. A&Co, que es bastante razonable para ganar el interés de los consumidores, emprende el esfuerzo necesario. Se envía a A&Co la orden de transferencia y la factura, y ellos envían un cheque bancario ordinario con su documentación.

"Al enviarnos las instrucciones para hacer los pagos de su cuenta de oro, incluya:

• Una factura, un recibo o alguna otra forma de explicación del pago,

• Una orden de transferencia para cada beneficiario con instrucciones completas, como el nombre del beneficiario, el importe del pago y la forma de pago, si es diferente del cheque del banco comercial y

• Un sobre sin cerrar con sello y dirigido al beneficiario".

"Si falta alguno de estos artículos, seguiremos procesando el pago, pero cobraremos una tarifa razonable por el manejo extra".

¿Qué podría ser más simple? Se dan ejemplos, incluyendo los cálculos de oro a dólar. A&Co señala que puede llevar de uno a tres días manejar las transacciones más complejas. A continuación, se señala que las cuentas se facturan una vez al mes (lo que es habitual en la mayoría de las operaciones de tipo bancario).

En el resto de este sencillo folleto se dan ejemplos de procedimientos, cálculos de muestras y una lista de beneficios. Uno de los beneficios es evitar las penalizaciones por ganancias de capital para quienes declaren ingresos. Esto merece un poco más de información. Si alguien ha comprado 20 gramos de oro por 200 dólares y luego los vende por 400 dólares para pagar alguna deuda, esa persona podría (si lo reporta) terminar pagando impuestos sobre la ganancia de 200 dólares. Pero como en realidad el dólar se redujo a la mitad de su valor mientras que el oro duplicó su valor, entonces efectivamente se preservó su riqueza, nada más. Sin embargo, se seguirá siendo responsable de los impuestos sobre esta ilusoria ganancia de capital. Aunque los contraeconomistas expertos no se reportarían a los poderes tributarios, los contraeconomistas moderados o del mercado gris podrían querer "cubrirse". A&Co ofrece también un servicio, entonces, a esta gente en posición intermedia.

La privacidad es otro beneficio con obvias implicaciones contraeconómicas. A&Co también menciona sus cargos mínimos, pago intereses en oro, y ofrece una forma sencilla de comprar oro sin las altas primas que cobran los traficantes de monedas por las pequeñas compras. De forma distintiva, el último beneficio que mencionan es el "apoyo al libre mercado".

Un boletín regular publicado por A&Co es el *Free Market Advertiser* (Anunciante del libre mercado), que difunde los tipos de cambio oro/dólar utilizados a lo largo de un mes, promociona los negocios contraeconómicos asociados y divulga sus informes a los accionistas. A&Co también mantiene una pequeña bolsa de valores para estos negocios.

Estas personas saben lo que hacen y por qué. Abundan los artículos económicos e ideológicos y los editoriales sobre las virtudes del puro libre mercado y los ataques a la inmoralidad de la fiscalidad y la regulación del Estado. Han tomado consciencia de la situación.

Problemas del Banco Contraeconómico

Muchos encontrarán sorprendente que algo tan organizado y sofisticado como un banco (por no mencionar la bolsa de valores en estado embrionario) pueda operar como en la anarquía, sin gobierno. La alta probidad de los directores de A&Co (no fuman, no beben, y demás) ciertamente desmiente la imagen del mercado negro, pero no discrimina a los contrae-conomistas "más flexibles".[16] Mientras ellos añadan sus facturas adecua-damente y las paguen, todos son bienvenidos. No hace falta decir que el banco es una fuente principal de capital de inversión para los contraeco-nomistas locales.

Un tema que ya debería haberse advertido en este libro es el de la rela-tiva impotencia del gobierno. La aplicación de la ley es inútil incluso en la dictadura más totalitaria cuando las leyes no son aceptadas y aplicadas con firmeza por la misma gente. Incluso cuando todos, incluyendo a los contraeconomistas, están de acuerdo con la ilicitud de un acto (como el asesinato o el robo), las propias estadísticas de aprehensión del Estado alcanzan un máximo de solo un 20%. (Es decir, más del 80% de los verda-deros criminales en los peores crímenes se escapan del ineficiente aparato gubernamental).

Un factor importante para reducir al mínimo el riesgo de interferencia del Estado en las actividades de las personas es el apoyo tácito o más sóli-do de todos los involucrados. El Banco Contraeconómico del Oro ofrece beneficios importantes y continuos a aquellos con los que hace negocios. Esto es al menos tan importante como las exhortaciones ideológicas a permanecer leales y el potencial ostracismo de los socios comerciales y clientes de la persona, en caso de que este individuo informe de las ac-tividades al Estado. Tal vez el Estado podría ofrecer una recompensa lo suficientemente alta como para convencer a algunos de que se conviertan en informantes, pero eso todavía no ha sucedido después de siete años y a pesar de la existencia de cientos de personas que están conscientes de la naturaleza de las actividades.

Y a medida que este mercado libre se expande, los beneficios que conlleva crecen, y la recompensa o premio debe ser cada vez mayor hasta que el Es-tado ya no pueda crecer lo suficiente para destruir una parte significativa por completo.

Un problema particularmente delicado para la Contraeconomía de la inflación, aunque común a todos, es el flujo y el almacenamiento de in-formación. La publicidad y la propaganda son buenas para los negocios: la divulgación periódica de información financiera fomenta la confianza, la seguridad y más negocios, pero cuanta más información sobre la actividad contraeconómica se divulgue, mayor será el riesgo de que incluso Keysto-ne Kops la detecte accidentalmente, se dé cuenta de lo que está pasando y actúe para detenerla.

Afortunadamente, al mismo tiempo que la Contraeconomía se está volviendo más sofisticada financieramente, la tecnología de la información está experimentando avances en el almacenamiento y la transmisión que ahora están completamente libres de intrusiones no deseadas.

En el siguiente capítulo se examina el crecimiento de la Contraeconomía de la información. Si la inflación es el gran contraeconomizador, entonces la explosión de la industria de la información es el nuevo y brillante caballero andante, defensor de la Contraeconomía.

Contraeconomía del trueque

El trueque se ha convertido en una moda reciente y su motivación es en gran parte la evasión de impuestos y de la inflación. De hecho, un libro reciente afirma que el comercio abierto sin dinero es la nueva economía "clandestina" o "subterránea". La verdad es casi lo contrario.

El trueque reportado está gravado. La mayoría de las nuevas y grandes redes de trueque con contabilidad informática y publicidad de alto perfil revelan sus transacciones al Servicio de Impuestos Internos o a su equivalente en otros países. El SII asigna un valor a los bienes intercambiados y exige impuestos sobre los ingresos. El impuesto sobre las ventas puede o no ser recaudado en las distintas localidades y así sucesivamente. Incluso cuando se evitan en parte los impuestos, los gobiernos en el nivel apropiado pueden aprobar nuevos impuestos sobre las transacciones cuando lo deseen.

Existen otras ventajas del trueque abierto, como las que tienen las empresas con poco dinero, pero como hemos visto al menos de forma esquemática anteriormente en el capítulo, el uso de alguna forma de dinero para mediar en el intercambio es muy lucrativo. No es casualidad que las empresas sigan descubriendo que tienen créditos de trueque, pero no puedan encontrar lo que necesitan para comprar mientras muchos de los bienes ofrecidos no son aprovechados.

El trueque contraeconómico tiene una función bastante diferente. El valor actual del dólar (u oro o lo que sea) de los bienes es reconocido por el comerciante y el efectivo a menudo cambia de manos secretamente para hacer el cambio.

El "Libro del trueque" (*The Barter Book*) de 1979 establece varias reglas sencillas para realizar el trueque, todas con sentido común, pero dos en particular son abiertamente contraeconómicas:

"Ellos (los trocadores que se nombran) usan el intercambio directo. Nunca se involucran en el trueque con terceros. Ellos han oído hablar de sistemas de crédito de trueque y clubes de trueque, pero no están interesados. Si la prima fuera por la eficiencia, usarían dinero".

"Ven los frutos de las ventajas fiscales. No registran sus salarios libres, desestructurados y agradables".[17]

Sin los altos impuestos y la inflación cada vez mayor del papel moneda, la inconveniencia y el gasto de abandonar el medio de intercambio se descartaría rápidamente el trueque para la mayoría de la gente ocupada. El "miedo de la libre empresa" de 1981 de la elección y la temprana administración de Ronald Reagan, con la gente anticipando (erróneamente) una caída de los impuestos y la inflación, causó que los intercambios de trueque fracasaran o sufrieran pérdidas de clientes. Los vigorosos y publicitados ataques del SII contra ellos rápidamente los eliminaron.

El trueque contraeconómico continúa, pero se realizarán progresos a medida que se manifiesten maneras más óptimas (oro, conveniencia bancaria).

Aun así, incluso el trueque contraeconómico se facilitaría enormemente y se plantearía la conveniencia de afinar el uso del dinero con la introducción de redes informáticas. "El dinero es información" ya se ha convertido en un cliché. Si todo el mundo se uniera al menos a una red informática que se conectara con todas las demás, funcionaría, al menos en teoría, tan rápida y convenientemente como el uso del dinero. Y el aumento de la contraeconomía de la información puede permitir precisamente eso.

Incluso en ese resultado ideal, no habría razón para no manejar las cuentas en unidades de masa de oro, simplemente para incluir todos los que se resisten al cambio, los gruñones y los que no están conectados a la computadora o entre tales conexiones.

Se han iniciado negociaciones preliminares con A&Co para emitir la primera tarjeta de crédito contraeconómica (¿una anarco-tarjeta bancaria?). No es casualidad que los que ofrecen el servicio sean consultores y programadores informáticos.

Notas a pie de página:

1. Un libro reciente, "Cómo prosperar en la economía subterránea" (*How To Prosper In The Underground Economy*) de Larry Burkett con William Proctor (William Morrow & Company, 1982), pierde completamente este punto. No hay nada "subterráneo", o al menos contraeconómico, en los tratos de trueque cuando los libros están abiertos al Servicio de Impuestos Internos.

2. Recientemente se ha publicado mucha literatura sobre la naturaleza y la historia del dinero, desde panfletos controversiales hasta análisis económicos exactos pero difíciles de entender. Uno de los más precisos, fáciles y agradables al leer sigue siendo "¿Qué ha hecho el gobierno a nuestro dinero?" (*What Has Government Done To Our Money?*) del Dr. Murray N. Rothbard, antiguo alumno de Ludwig von Mises y un raro economista que no sirve a los intereses de ningún gobierno o a algún aspirante al gobierno.

3. En relación con el autor, por el economista e historiador, el profesor y doctor Murray N. Rothbard.

4. El economista austríaco Friedrich von Hayek, ganador del premio Nobel, sugiere ahora que se permitan las monedas competidoras y que el dinero sea "desnacionalizado" por el Estado.

5. La mayoría de los escritos de economía austriaca han explicado el ciclo de negocios en detalle desde la histórica publicación de la tesis doctoral de Von Mises: Teoría del dinero y el crédito (*Theory of Money And Credit*) en 1910. En esta obra se explicaba la Gran Depresión diecinueve años antes de que ocurriera. Aquí hay un bosquejo más largo para aquellos que desean evitar buscar referencias: el aumento de la oferta de dinero proporciona a los primeros destinatarios en fila (gobernantes, bancos, contratistas con el gobierno) un mayor poder adquisitivo. Ellos aumentan la oferta de ciertos recursos a los precios antiguos e indican a los productores para que fabriquen más, porque los productores creen que pueden ganar más dinero. Con el tiempo, hay un aumento general de los precios, la gente encuentra que pueden pagar mucho menos con el mismo dinero y reducir sus gastos. Las empresas con exceso de inversión que habían aumentado la producción ahora son llamados a reducir la producción, y se producen liquidaciones ("liquidación por incendio" para "salir de las ventas comerciales") y despidos. Este desempleo y pérdida de capital se denomina depresión (o recesión u otro eufemismo como "reajuste gradual"). Podría terminar ahí, pero los empresarios en bancarrota y los trabajadores desempleados en pánico piden más dinero para resolver el problema. El gobierno amablemente imprime más. Pero, para engañar al mercado de nuevo en el primer boom (u otro como él), tiene que imprimir más de lo esperado (Después de todo, cada uno ya ha visto el aumento de los precios, y se asume que seguirán subiendo al mismo ritmo, y en consecuencia se reduce el dinero). Posteriormente, la gente se da cuenta de que será engañada de nuevo y se anticipa a cualquier aumento. En ese momento, el dinero se gasta tan rápido como se recibe (lo que Mises llamó la "huida hacia los bienes reales"), se les paga a los trabajadores dos o tres veces al día, las deudas tienen que ser refinanciadas diariamente o incluso cada hora. Finalmente, la gente tira el dinero sin valor para utilizar las divisas, el trueque y el oro. Este es el *Crack-Up Boom* que acaba con la inflación galopante. Hay varios ejemplos históricos de ello y parece inevitable. Chile rompió el ciclo por medio de una severa dictadura militar en 1973. Para un rápido relato ficticio de un *Crack-Up Boom* en los Estados Unidos en un futuro próximo, véase *Alongside Night* (Junto a la noche) de J. Neil Schulman (Ace Books, 1982; Crown 1979). Schulman comprende plenamente la teoría de la Contraeconomía (agorismo) y su trama se resuelve con el final optimista del triunfo agorista.

6. Véase *The Alpha Strategy* [La Estrategia Alfa] de John Pugsley para detalles útiles.

7. Morain, D. (1981, December 16). 4 guilty in money-laundering scheme [Cuatro culpables de un plan de blanqueo de dinero]. Los Angeles Times, p. II3.

8. Ibid.

9. Kent, T. (1980, September 4). Black market in gold thrives in Russia [El mercado negro del oro prospera en Rusia]. Associated Press.

10. Ibid.
11. Ibid.
12. Wary gold dealers fuel black market: Thai sellers often dress in rags [Los cautelosos traficantes de oro alimentan el mercado negro: los vendedores tailandeses a menudo se visten con andrajos]. (1982, January 10). Los Angeles Times, p. II-7.
13. Ibid.
14. Ibid.
15. Ibid.
16. Hargis, A. L. (1981). Current gold accounts: A free market money instrument [Cuentas corrientes de oro: un instrumento monetario de libre mercado]. Costa Mesa, California: Anthony L. Hargis & Co., A Free Market Business Trust. *Nota del editor*: SEK3 ocultó el nombre como "A&Co" en el momento de escribir este artículo para proteger a ALH&Co de los intereses no deseados del Estado. Desgraciadamente, las actividades de ALH&Co. fueron sometidos a un escrutinio en 1996, en 2004 los activos de la compañia (es decir, el oro de los clientes y los depósitos bancarios regulares) fueron confiscados por el SII. Anthony L. Hargis fue encarcelado por desacato al tribunal tras negarse a entregar sus registros. Véase Kristof, K. M. (2004, March 10). U.S. sues O.C. man in tax scam [EE.UU. demanda al hombre de Orange County en una estafa fiscal]. Los Angeles Times. Retrieved from http://articles.latimes.com/2004/mar/10/business/fi-taxscam10.
17. Simon, D. A. (1979, October). Bartering: The tricks of the trade [Trueque: los trucos del comercio]. Cosmopolitan, p. 226.

VI. Información Contraeconómica

El intercambio de información divide a la Contraeconomía del mercado blanco de las instituciones. Considere la diferencia elemental entre un trato callejero con y sin los ojos vigilantes de los agentes del Estado. O considere un barco que atraque, descargue sus mercancías, acepte el pago y zarpe. En un caso, se rellenaron los formularios y se registraron las importaciones en el gobierno, en el caso idéntico (físicamente pero no en términos de información) no se presentaron documentos al Estado y sus agentes permanecieron inconscientes de su existencia. En el momento del intercambio de información, se creó el tráfico y se produjo el delito de contrabando.

El control de la información es una batalla sobre la propia capacidad de funcionamiento del Estado. Si se pudiera cortar todo el flujo de información al gobierno, este sería incapaz de actuar. Extrañamente, el gobierno de los Estados Unidos recientemente tiró la toalla sobre la regulación de la industria de la información. Y, sin embargo, el conflicto permanece en los márgenes, especialmente por el poderoso método de programación informática conocido como criptografía de clave pública.

Si la criptografía tiene éxito, el tan esperado sueño de una anarquía factible ha llegado. Para entender el impacto total, veamos cómo funciona el Estado, o mejor dicho, cómo *roba*.

El saqueo a través de los tiempos

Al principio, el Estado era una banda de bandidos, que aterrorizaba el campo. Los impuestos eran simples: la horda se apoderaba de todo lo que parecía valioso, comía todo lo que parecía comestible, y violaba todo lo que parecía atractivo. Para vencer a los bárbaros, el campesino inteligente escondió su oro, sus hijas (e hijos) y su ganado. Para desalentar esta interrupción de información, la horda a menudo quemaba las aldeas cuando habían tomado todo lo que podían encontrar.

Cuando los saqueadores se establecieron para convertirse en un gobierno adecuado, limitaron sus deseos y cobraban un tributo que dejaba al campesino con lo justo para vivir y cultivar otra cosecha el año siguiente. Se compraron sacerdotes para convencer a los productores de que el Estado tenía la aprobación divina. Y en la Edad Media los Señores se instalaban solo para la primera noche con la novia campesina (derecho de pernada).

La principal forma de evasión de tributos seguía siendo la notificación incompleta de bienes. Pero a medida que el mercado se hizo más complejo, algunas actividades comerciales no declararon su existencia. Se miraba al informante con gran desdén y miedo desde el patio de la escuela hasta el patio de la prisión. El "soplón" recibe una sentencia de muerte automática por parte de bandas violentas (que a su vez se encuentran en estado embrionario), sin embargo, los informantes son rechazados por contraeconomistas morales y pacíficos.

La sociedad americana del siglo XX está plagada de informantes. Solo para mantener la perspectiva, cualquiera en la URSS que no sea un informante está siendo informado.

E incluso los informantes son informados. El camino más seguro es descubrir al informante y luego seleccionar su información cuidadosamente.

La industria de la droga está plagada de informantes de la DEA y de la policía local. Los traficantes de armas andan sueltos hasta que el BATF (*Bureau of Alcohol, Tobacco, Firearms and Explosives*: Departamento de Alcohol, Tabaco, Armas de Fuego y Explosivos) consigue un informante entre ellos. Los disidentes políticos suelen tener más miembros que pagan cuotas de la Oficina Federal de Investigación que miembros comprometidos. La Comisión Federal de Comercio depende de los competidores que son malos perdedores para denunciar a una empresa por violaciones a la ley antimonopolio.

Y por encima de todos ellos, con una red de espías, informantes, competidores disgustados, cónyuges vengativos, amantes rechazados y cazadores de recompensas sin cualificación, se encuentra el Servicio de Impuestos Internos. Ninguna agencia legal de cumplimiento del Estado estimula el temor y el miedo como el SII.

El SII es la espada levantada y el golpe enviado por el Estado. Mientras el resto del Estado se camufla con la apariencia de buenas obras, los intentos de mejorar superficialmente la imagen del recaudador de impuestos inevitablemente fracasan. Una popular calcomanía en el parachoques lo dice todo: "El SII: Realmente roba".

Cómo funciona la fiscalidad...

En el mundo moderno, los agentes del SII no pueden, por mucho que lo deseen, montar sus sementales empapados de sudor, sacar sus luceros de albas (mazas de armas) y sus garrotes, y cabalgar gritando por los tranquilos suburbios en busca de riqueza para el director. Por otra parte, tienen una ventaja sobre sus antepasados espirituales de hace tres milenios.

Sus víctimas se entregan.

Tres mil años de mistificación dan sus frutos cada 15 de abril en los Estados Unidos (30 de abril en Canadá, varios días de primavera en otros países). A los ciudadanos americanos se les pide que envíen la información que el Estado necesita saber. La cantidad exacta no importa, las deducciones son puro artificio.

La cruda realidad es que, sin esa información voluntaria, el Estado no tendría ni idea de dónde está la riqueza.

No es una observación nueva el hecho de que si todos dejaran de enviar sus formularios 1040, el Estado se consumiría y sería liquidado. La visión contraeconómica es que cualquiera puede realizarlo (y así sucede) sin esperar a los demás. La técnica es controlar el flujo de información sobre uno mismo, en particular, el flujo de información de la persona al Estado.

Visibilidad y perfil

No hay una sola manera de usar la información para liberarse de la depredación del Estado. Hay tres maneras. Dos de ellas asumen que usted está actuando relativamente solo, la tercera asume lo contrario.

La mayoría de la gente está familiarizada con la táctica de bajo perfil de ser "invisible" para el SII y otras agencias gubernamentales. El resto de este capítulo se centrará en ese método. Lo que no debe olvidarse son las otras tácticas, especialmente porque tienen mayores recompensas (y por consiguiente mayores riesgos).

La Contraeconomía de alto perfil se ocupa de una esfera particular de la coacción del Estado llamando la atención sobre su victimización. Cuanto más ruido se haga, será mucho mejor. Los famosos 8 de Chicago utilizaron la publicidad para mantenerse fuera de la cárcel durante años, incluso después de sus condenas.

Los desobedientes civiles confían en la presión pública para mantenerse fuera de la cárcel o para minimizar sus castigos. De hecho, los encargados de hacer cumplir la ley del Estado son cautelosos en cuanto a la creación de mártires. El concepto mismo de mártir exhibe el poder de la información: ¿qué es un mártir sino un cadáver con una buena historia?

Los contraeconomistas de alto perfil tienen mayores riesgos porque son muy fáciles de detectar. Obtienen la ventaja de un flujo de información adicional, que proviene de ellos mismos y se dirige al resto del mercado. En la medida en que tienen éxito, se convierten en fuente de inspiración.

En realidad, este autor ha demostrado que es posible perseguir las ventajas del alto perfil y la baja visibilidad simultáneamente. El truco era crear una tercera categoría: la comunidad contraeconómica.

Se puede perseguir cualquier grado de notoriedad (o, para decirlo de otro modo, anunciar libremente los propios servicios) dentro de la comunidad de compañeros contraeconomistas sin informar al Estado, a sus agentes y, por supuesto, a sus informantes. Para ello, es necesario controlar el flujo de información sobre uno mismo.

Flujo de información

¿Alguna vez notó que después de ordenar algo por correo, o contribuir a una organización benéfica o política, su buzón se inunda de repente con solicitudes asociadas? Usted ha generado un flujo de información hacia el exterior y fue recompensado por un torrente hacia el interior.

La información es el recurso en bruto de una industria en expansión que incluye el procesamiento de datos y gran parte de la programación informática. La teoría de la información es un campo académico de moda. Es un negocio tan cambiante que el gobierno americano renunció en su intento de regularlo.[1]

Dejando de lado brevemente la discusión sobre la tecnología superior, hay dos maneras obvias de escapar a la atención del Estado: no exista, y si usted existe, no se lo diga a nadie. (También existe el procedimiento agorista: dígaselo a los colegas contraeconomistas que tengan que ocultar lo mismo).

Algunos contraeconomistas llegan muy lejos. Interrumpen del contacto con cualquiera que pueda llegar a reconocerlos, logran estar y se mantienen fuera de todas las listas de correo, operan a través de dinero en efectivo y nunca utilizan los bancos, e incluso evitan las residencias legales, viviendo en remolques como nómadas o en cuevas en tierras abandonadas o en estructuras improvisadas.

Brevemente, en la década de los sesenta, estos primeros contraeconomistas autoconscientes (protoagoristas, se podría decir), se organizaron lo suficiente como para publicar un boletín informativo, el *Vonulife*. (Vonu, decían, era invulnerable a la coacción, y eso es lo que buscaban). Tenían algunos problemas obvios para mantener el contacto y han desaparecido en gran medida hoy en día.

Pero no antes de haber hecho intentos rudimentarios para resolver el problema de vencer al Estado y seguir siendo parte de la sociedad. Después de todo, el Estado y la sociedad humana son enemigos naturales, debería ser posible usar a la sociedad como aliada contra el Estado. (¿Recuerda la posición social de los soplones?)

Llamaron al concepto de interacción con el resto de la sociedad (los que no son "vonu") interconexión. Esto fue traído a colación en el último capítulo de nuestra explicación del banco contraeconómico donde se presentaron un conjunto de ejemplos.

Una forma de interactuar con el resto de la economía, especialmente con el mercado blanco o la economía formal o de las instituciones, es crear otra identidad. Deje que este individuo ficticio tome los riesgos, usted puede dejar la identidad cuando parezca estar cerca de la aprehensión.

Hay algunos problemas serios con el enfoque de *The Paper Trip*[2]. En pocas palabras, si los agentes del Estado se están acercando a este alter-ego, siempre y cuando usted use el disfraz, se están acercando a *usted*.

Además, una vez que usted "cambia de piel", pierde todo lo que iba con ella: cuentas, contactos, conocidos y propiedades almacenadas bajo ese nombre. Es una pérdida menor que el arresto y el posible encarcelamiento, pero no es una solución.

Las identidades múltiples, si usted puede mantenerlas en orden, representan una mejora.

La respuesta no es abandonar las identidades secundarias ni depender de ellas. La técnica tiene mayor utilidad como un respaldo, un seguro anti arresto. Y el uso de algún tipo de compañía o identidad ficticia es inevitable para los bienes raíces contraeconómicos.

Esto lleva a la categorización natural del flujo de información en un sistema de capas. En cada capa hay técnicas contraeconómicas apropiadas, algunas de larga duración y exitosas, otras aún por desarrollar por jóvenes brillantes e innovadores.

Flujo de información de la capa interna

El núcleo más recóndito de información sobre usted está formado por usted mismo y sus íntimos. Algunas personas necesitan trabajar en sí mismas, aprender a ser cautelosos con respecto a las personas a las que se dirigen y el momento en que lo hacen. Y la selección del cónyuge y la familia con base en su discreción puede parecer poco romántica o biológicamente restringida. Afortunadamente, una larga tradición en muchas familias de mantener la información sensible "en la familia" funciona en este caso a favor de la persona.

La siguiente capa es la que se encuentra entre usted y sus amigos y la familia lejana. Fíjese en cómo las consultas sobre ingresos y prácticas comerciales se consideran de mal gusto socialmente. Tal vez eso es una indicación de la evolución natural de la sociedad hacia el agorismo.

La última capa interna puede ser la más arriesgada: los clientes, los proveedores y los socios que no solo saben algo específico sobre usted, sino que, usted se acerca demasiado a ellos, están en posición de tener la "segunda identidad" para unirlas.

Hay dos técnicas útiles para controlar este flujo de información, una es seguir la útil regla social contra la mezcla de negocios y placer. Esto debe hacerse con cuidado para no despertar sospechas de que usted está ocultando algo, una tentación que pocos pueden resistirse a probar. Esta técnica lleva a poner a sus socios comerciales en la siguiente capa.

Pero hay otra técnica: el intercambio de riesgos. Si usted sabe algo sobre ellos, usted se debe preocuparse mucho menos de que descubran algo sobre usted. Esta es una forma de intercambio de intimidades, así que, como en las relaciones románticas, elija a tus socios cuidadosamente.

"¿Quiere decir que usted también es contraeconómico?" puede ser el suspiro de alivio más común en la década de 1990.

Flujo de información de la capa media

Lo más íntimo de toda la información comercial son sus registros. ¿Quién, además de usted, debería ver sus libros? Si todo va bien, *nadie* debería.

Tampoco, con toda la confianza del mundo, hay una buena razón para dar a otros tanto acceso a su flujo de información que puedan armar sus libros como un rompecabezas (por ejemplo, la auditoría forense). Es posible que usted necesite abrir sus libros, puesto que están relacionados a un negocio específico o a una de sus empresas comerciales si en este caso se involucra a otros en la inversión: esto puede manejarse en la Contraeconomía.

Estas empresas son útiles para distanciarse de los recolectores de información poco amigables, añadiendo una capa extra para su incursión.

La capa intermedia del flujo de información (una mesosfera, como la llamarían los científicos) es la parte interesante. Aquí es donde se encuentran sus interacciones casuales con los demás.

Una virtud obvia o un buen hábito a desarrollar es nunca revelar información relativa a sus actividades contraeconómicas, o antes de hacerlo, considerar conscientemente las consecuencias. "Hablaré contigo mañana sobre eso Jane, tengo que comprobar algo primero", le da 24 horas de sopesar los riesgos.

Aun así, si usted va a tratar con el resto del mundo y debe revelar alguna información, a saber, que usted tiene un producto o servicio, cuánto costará, qué aceptará como pago, cómo puede ser contactado y cuándo está disponible. Si hay múltiples pagos, acuerdos de crédito, negocios repetidos, y seguimientos de postventa involucrados, entonces mayor cantidad de información debe fluir de usted.

Y hacia usted también. Otra buena técnica es el intercambio de información. A medida que usted revela algo, aprende algo de su proveedor o cliente.

Si descubre que su contraparte también es contraeconómica, contenga de alguna forma la sensación de alivio. Todavía tiene que averiguar de qué forma es contraeconómico. Después de todo, ¡hay policías contraeconómicos e incluso agentes del SII! Todo el mundo rompe las leyes alguna vez, es imposible no hacerlo.

Pero eso funciona en favor de usted, más que su contra. Porque si no es obvio que su cliente o comerciante es contraeconómico, usted mismo tiene que dar el paso para cruzar la línea. Y como todo el mundo es de alguna manera contraeconómico, no es obvio que usted esté sugiriendo algo fuera de lo común, excepto en este caso limitado.

Esto es mucho más fácil de lo que parece. Cientos de veces este autor ha ido a la imprenta y ha sugerido que no desperdicien los papeles de los recibos y que retiren el impuesto de ventas. El rechazo llegó solo cuando se cometió el error de hablar con alguien que no toma decisiones. Cuidado con la más pequeña burocracia. Los taxistas de Nueva York ofrecerán dejar la bandera en alto si usted no se parece demasiado a un agente de la ley y si usted pregunta primero, aproveche la oferta.

Al menos hasta ahora, la sociedad norteamericana ha presionado al sistema judicial del gobierno para que frunza el ceño ante la trampa. Esto cambiará, pero mientras esté en vigor, es un gran beneficio para los contraeconomistas que están rompiendo el hielo[3].

El contacto personal tiene la ventaja de permitir un rito de cortejo contraeconómico. Pero hay una correspondiente revelación involuntaria de información sobre usted al permitir la observación del otro. Es una compensación. Como siempre en la Contraeconomía, usted debe sopesar los riesgos contra los beneficios en cada situación particular.

Considere, pues, los beneficios del contacto impersonal a través de la publicidad y el uso del método de boca en boca, la correspondencia, la entrega por medio de mensajeros (posiblemente contraeconómicos) y el pago por correo, mensajería o incluso a través de bancos contraeconómicos. En este punto, es el momento de sacar la computadora.

Computadoras para la Contraeconomía

Considere el siguiente escenario: alguien en el mercado de, digamos, calzado personalizado, consulta una lista de productos. Al ver la categoría de calzado, llama a una lista de proveedores. Resulta que uno de ellos que ofrece un trabajo de lujo y proporciona un código de acceso. El código se activa.

Aparece una lista de ofertas. Esta persona pide algo que no está en esta lista, digamos, un par de botas altas de piel de venado con runas cosidas, adecuadas para una convención de fantasía o una reunión de la Sociedad para el Anacronismo Creativo. Aparece un boceto de tales botas, con números de especificación y costos, dependiendo del tipo de adorno.

Se hace el pedido y se acuerda un depósito. El depósito se transfiere a través del banco contraeconómico (o tal vez se utiliza un buzón de correo). Las botas se entregan, la mercancía se considera satisfactoria y se paga el saldo. Ninguna de las partes de la transacción se ha revelado a la otra.

Cualquiera que esté familiarizado con la tecnología informática actual sabe que todo esto no solo es factible, sino que ya existe, total o parcialmente, en la mayoría de las grandes ciudades y centros universitarios.

Imagine además que usted puede mantener sus registros en los libros bajo un código complicado que requeriría más problemas de los que vale la pena para poder descifrarlo. Y que usted puede anunciarse en el tablón de anuncios del computador con códigos similares y contactar y ser contactado a través de dichos códigos.

De nuevo, la tecnología está disponible, o, como dicen los hackers, "en línea". Es un sueño hecho realidad para los contraeconomistas: una pesadilla en potencia para el SII y los reguladores y controladores del gobierno.

La "clave" es la Criptografía de Clave Pública. La Agencia de Seguridad Nacional (*National Security Agency*: NSA, coloquialmente conocida como "El Palacio del Rompecabezas") la odia y está trabajando para descifrar los sistemas y conseguir que las empresas y burocracias acepten un sistema estandarizado que puedan descifrar fácilmente. Hay que tener en cuenta que la criptografía es un sistema dinámico y en evolución. Es una forma no violenta de una carrera armamentista donde un lado descifra el código y el otro desarrolla un nuevo sistema para superar el antiguo.

Aquellos que consideren usar esto deberían revisar la literatura actual y hablar con amigos de la informática (El problema habitual es mantenerlos alejados del tema). La revista *Byte* es una fuente popular disponible en la mayoría de las bibliotecas para mantenerse al día en cuanto a criptografía de clave pública.

Usted y su(s) correspondiente(s) definen un *criptosistema*. El remitente tiene una clave de *cifrado*, el destinatario tiene una clave de *descifrado*. No son idénticas. El mensaje normal puede llamarse *texto sin formato* y el cifrado *texto codificado*.

"Las llaves criptográficas son análogas a las llaves de casa y del carro que llevamos en nuestra vida diaria y sirven para un propósito similar. En muchos sistemas modernos, cada llave es una cadena de dígitos. Por ejemplo, las claves definidas por el Estándar de Cifrado de Datos de la Oficina Nacional de Estándares consisten en 64 dígitos binarios, 56 de los cuales son significativos".[4]

¿Cómo funciona? "Para encriptar un mensaje, una clave y el mensaje se insertan de alguna manera en un encriptador, y el criptograma que surge es una mezcla de caracteres que depende tanto del mensaje como de la clave. Para desencriptar el mensaje, la clave correcta y el criptograma se insertan en un desencriptador, y el mensaje de texto sin formato emerge".[5]

Esto es bastante simple con la codificación convencional. Las llaves son las mismas, deben ser vigiladas de cerca, y usted debe visitar a su correspondiente para intercambiar las llaves. Pero al usar las llaves públicas, el problema de la reunión y el secreto se resuelve.

"Estas llaves... tienen notables propiedades casi mágicas:

- Para cada clave de cifrado hay una clave de descifrado, que no es la misma que la clave de cifrado,

- Es factible computar un par de claves, que consisten en una clave de cifrado y una clave de descifrado correspondiente y

- No es posible calcular la clave de descifrado a partir del conocimiento de la clave de cifrado".[6]

Usted y su correspondiente, digamos, Mary, pueden contactarse mutuamente de forma contraeconómica en un tablón de anuncios "público". Acordando intercambiar información, usted establece su cifrado. "Para configurarlo, usted genera un par de claves, y envía la clave de cifrado a Mary por cualquier medio conveniente. No es necesario que se mantenga en secreto. Solo puede encriptar los mensajes, no desencriptarlos. Revelarlo no divulga nada útil sobre la clave de descifrado... Para permitirle enviar mensajes privados a ella, Mary debe crear un par de claves y enviar a ella su clave de cifrado".[7]

Usted puede publicar su clave de encriptación sin temor a que nadie más que usted pueda desencriptar el mensaje. "Dos personas con entradas en el directorio, no importa quienes, podrían comunicarse en privado, aunque no tuvieran contacto previo".[8] Exactamente lo que los contraeconomistas quieren.

Un toque de tecnología y una mochila

Antes de dejar este tema, vamos a tocar brevemente la tecnología. Se puede buscar la programación en la fuente citada y, en un mundo de hackers aventureros, nadie debería encontrar grandes dificultades para conseguir que un programador configure lo que se necesita en un sistema doméstico.

Lo que se requiere de la pirotecnia de la información y de los códigos en apariencia secretos es una confianza razonable y un respeto cualificado. Desafortunadamente, muchos de los que he conocido al llegar a este campo brincan de asombro y sienten que el Estado es derrotado hasta llegar a la crisis y otros renuncian cuando escuchan que un sistema particular ha sido descifrado. Intentemos inmunizarlos contra ambos.

El asombro surge de estadísticas como la publicada sobre el criptosistema Rivest-Shamir- Adleman (RSA). La cantidad de tiempo requerida para descifrar el código es el tiempo de factorización, asumiendo que la longitud de la clave es 50, podría ser factorizada en 3,9 horas en una operación de ordenador por microsegundo. Pero duplicando la longitud de la clave a 100 dígitos se aumenta el tiempo de factorización a 74 años, y triplicándolo a 150 dígitos ¡se obtiene un millón de años de factorización! Para cuando lleguemos a 250 dígitos, estaremos excediendo la duración estimada del universo. No es de extrañar que la NSA quiera estandarizar la longitud de la llave en 60 o 70 dígitos.

Una clave de 77 dígitos estuvo recientemente disponible por 165 dólares para el sistema común z80. "[...] la encriptación y desencriptación de los mensajes toma alrededor de un minuto más el tiempo de acceso al disco necesario. El tiempo necesario para generar las claves de encriptación y desencriptación oscila entre 15 minutos y 4 horas [...] El autor del sistema, Charles Merritt de PKS, Inc., ha recibido estimaciones del tiempo necesario para romper el sistema que van desde tres días ininterrumpidos en un Cray-1 hasta un año".[9]

De hecho, computadoras más nuevas y más rápidas que la Cray-1 están en marcha o en camino, pero es posible superarlas fácilmente aumentando el número de dígitos en la clave RSA. Aun así, se debería estar al tanto del estado de la técnica cuando se participa en este juego.

Una alternativa a la RSA, la estrategia del problema de la mochila, parecía preferible debido a la mayor velocidad de encriptación y desencriptación. El nombre proviene de un rompecabezas matemático en el que, si se conoce el peso total de una mochila y su contenido, y los pesos de los artículos individuales que pueden estar en la mochila, se deduce qué artículos están metidos en su interior. Para un código numérico, los artículos son una colección de números y la mochila es su suma.

Martin Hellman de la Universidad de Stanford y Ralph C. Merkle usaron la técnica para diseñar un criptosistema de llave pública en 1978. Merkle ofreció una recompensa a quien pudiera descomponer el esquema y el juego se puso en marcha.

"En 1982, Shamir hizo el primer ataque exitoso en la forma más simple del criptosistema de mochila. Descubrió que cierta información sobre secuencias supercrecientes no está bien disimulada por una trampilla de multiplicación modular. Además, esa información se podía obtener rápidamente resolviendo un tipo especial de problema matemático (encontrar un vector corto en un entramado). El método de Shamir se volvió práctico con la invención de un algoritmo para resolver este problema rápidamente. Poco después, usando un enfoque similar, Adleman descompuso otra forma de los criptosistemas de mochila conocidos como la mochila Graham-Shamir".[10]

Shamir recogió el premio de 100 dólares, pero Merkle ofreció otros 1000 dólares a quien descifrara la mochila iterada más compleja. Ernest F. Brickell de los Laboratorios Nacionales de Sandia en Albuquerque, Nuevo México, fue tras el premio en el verano de 1984. En octubre, "Merkle admitió que Brickell había ganado el premio y Brickell recibió su cheque...

Dice Merkle: 'Creo que la desencriptación de mochilas iteradas es bastante sorprendente e indica un grado de inseguridad que no se sospechaba en absoluto'".[11]

¿Es hora de que los contraeconomistas de la información entren en pánico? No, y es por eso que necesitan mantener la conciencia del campo de los rápidos cambios: "Sin embargo, esto no descarta la posibilidad de que exista un criptosistema de mochila seguro. Brickell agrega: 'Lo que esto dice es que, si usted usa uno, tiene que usar algo que no sea aritmética modular para ocultarlo…' Por supuesto, los criptólogos no pueden resistir el reto de crear un criptosistema que evite los defectos identificados por la técnica de desencriptación de Brickell. En Crypto '84, Rivest y Benny Cho estaban listos con un nuevo criptosistema de llave pública de mochila basado en la aritmética en estructuras matemáticas llamadas 'campos finitos'".[12]

Mientras que los criptógrafos informáticos participan en el juego del mejor ratón contra la mejor trampa para ratones, Adi Shamir aumenta las apuestas y ofrece la esperanza de que se pueda desarrollar un criptosistema contraeconómico invulnerable (dentro de lo razonable) o al menos, que se pueda calcular racionalmente su coste.

"'La pregunta más intrigante es si se pueden desarrollar técnicas de prueba que demuestren la seguridad de los criptosistemas', dice Shamir. 'Si se pudiera hacer esto, sería el mayor avance en criptografía porque por fin será posible demostrar que los criptosistemas concretos no se romperán en el futuro a menos que haya una cierta cantidad de tiempo'".[13]

Como en toda la Contraeconomía, los riesgos deben ser calculados racionalmente y el pago debe ser compensado con el beneficio potencial. Con computadoras y programas contraeconómicos, esto se puede lograr de manera más simple, fácil y rápida que nunca. Añada a esto el potencial de alta seguridad barata de los registros y el intercambio de mensajes, y no es necesario pedir una milagrosa invulnerabilidad a los ladrones autorizados del Estado.

Pero algo así como ese milagro puede ser proporcionado por el mercado de todos modos, y bastante pronto. Luego de mover la información con éxito en la Contraeconomía, el siguiente truco es mover los objetos físicos con la misma seguridad y eficiencia. Afortunadamente, como vemos en el siguiente capítulo, el mercado tiene una larga historia de éxitos en el envío de la Contraeconomía, es decir, el contrabando.

Notas a pie de página:

1. Pero no del todo. En diciembre de 1984 la Agencia de Seguridad Nacional anunció planes para desarrollar un sistema de nueva generación, con mayor velocidad y capacidad que los existentes. Véase la sección posterior sobre Criptografía de Clave Pública para conocer la razón principal.
2. Reid, B. (1971). The Paper Trip. Fountain Valley, California: Eden Press. (Un conocido texto contraeconómico, con actualizaciones como The Paper Trip II, 1977, The Paper Trip III, 1998, y [ahora con números arábigos] The Paper Trip 4, 2015).
3. Una acotación irresistible. Los americanos tienen un doble estándar claro sobre el hecho de hacer caer en la trampa a alguien, lo cual es una alegría para el contraeconomista. Atrapar a los hombres de negocios, incluso a los grandes empresarios como John DeLorean, es un no-no, pero atrapar a los políticos (archi-estatistas), como los atrapados en la operación encubierta Abscam del FBI, es apropiado. La diferencia es esta: los políticos no tienen ningún negocio legítimo con ningún grupo de interés especial, o para decirlo con más fuerza, pero aún en la tradición americana, "todos los políticos son unos delincuentes" y se supone que (potencialmente, al menos) no son buenos.
4. Smith, J. (1983, January). Public key cryptography [Criptografía de clave pública]. Byte 8(1), p. 198. 5. Ibid., p. 199.
5. 5. Ibid., p. 199.
6. 6. Ibid., p. 200.
7. Ibid.
8. Rivest, R. L., Shamir, A., & Adleman, L. (1978). A method for obtaining digital signatures and public-key cryptosystems [Un método para obtener firmas digitales y criptosistemas de clave pública]. Communications of the Association for Computing Machinery 21(2), pp. 120-126. doi 10.1145/359340.359342.
9. Smith, op. cit., p. 216 (Nota del editor).
10. Peterson, I. (1984, November 24). The unpacking of a knapsack [El desembalaje de una mochila]. Science News 126(21), p. 331.
11. Ibid.
12. Ibid.
13. Ibid.

Resumen

(Estas son las notas personales de Konkin que describen su visión de la *Contraeconomía*)

Primera parte

Prefacio (Opcional)

Serán redactados por el escritor o escritores de "renombre" como Doug Casey, Harry Browne, Murray Rothbard, Thomas Szasz, Karl Hess, John Pugsley, y otros.

Introducción

Escrito. Resume la complejidad del tema del libro en términos simples. Promete un agradable estudio de este extraño y nuevo campo con la teoría económica en una sección posterior y una explicación ideológica al final. La intención se presenta de antemano, pero la presentación es suave y discreta.

Capítulo 1: La Contraeconomía fiscal

Escrito. Un estudio muy detallado de la "economía subterránea" americana, la sección sin impuestos de toda la Contraeconomía. Todos los ejemplos son tomados de fuentes de noticias conocidas de las "instituciones". Los críticos de la evasión masiva de impuestos fueron citados y son respondidos de manera muy superficial, y así tentar a los lectores para una teoría posterior.

Capítulo 2: La Contraeconomía internacional

Escrito. Aproximadamente el primer tercio de este capítulo hace un recorrido por el mundo, Europa Occidental, y el "Tercer Mundo", con un enfoque de la Contraeconomía fiscal. El segundo tercio abarca los países del Tercer Mundo marxista-leninista en transición y el correspondiente aumento de la actividad contraeconómica. El último tercio se mueve en el "bloque oriental" y sigue el creciente cambio de la totalidad del mercado hacia el mercado negro, el subterráneo o el de productos no autorizados. Dirige la atención a la URSS como la última esperanza para el Estado de vencer la Contraeconomía.

Capítulo 3: La Contraeconomía soviética

Escrito. Este capítulo es el más cercano a una visión única del alcance y la profundidad posible en una sociedad que se ha vuelto casi completamente contraeconómica. La impotencia del Estado soviético se recalca y se muestra con ejemplos repetidos. Se introducen las posibilidades de la Contraeconomía más allá de los estrechos campos de negocios para abrir el apetito del lector en el resto del libro. Los millonarios rusos se exhiben para probar aspectos concernientes.

Capítulo 4: La Contraeconomía de la droga

Escrito. Este capítulo es obligatorio, ya que las "conexiones de drogas" y la red correspondiente representan la visión y el conocimiento más popular de las actividades del mercado negro. Por lo tanto, las expectativas de los lectores jugarán en su contra. En primer lugar, se muestra el tamaño y el alcance del mercado, hasta conquistar a los gobiernos cuando sea conveniente. En segundo lugar, se expone un breve esbozo de cómo funciona el mercado desde el productor hasta el traficante. *Giro*: la última parte de este capítulo utilizará el mercado de la droga para mostrar la *interconexión* de casi todas las personas en la sociedad, la complicidad de clientes ocasionales, amigos, colegas, parientes, incluso transeúntes, una conspiración social contra el gobierno. Por lo tanto, esto se compara con la Era de la Ley seca por su continuidad histórica y con el tráfico de laetrile para mostrar su expansión fuera del "vicio" de las drogas. "¿Qué es una droga?": quién lo dice y por qué. Se plantea el *negocio* de la droga como un paradigma contraeconómico, con similitudes y diferencias con los negocios "regulares".

Capítulo 5: La Contraeconomía de la inflación

Escrito. Empieza con una fuerte referencia a los escritores existentes pesimistas como Browne, Casey, Schulz, Pugsley, etc. El movimiento de supervivencia está ligado a la inflación y a su Contraeconomía. Alguna teoría se coló aquí para explicar la inflación y contrastarla con el fenómeno del aumento de los precios. El ciclo comercial austriaco se describe brevemente con el fin de dar una base para el pesimismo. El oro tiene una sección especial, referente a la propiedad y su comercio tanto legal como ilegal, y otros metales preciosos, materias primas, compras de "estrategia alfa", hasta refugios y escondites. El patrón histórico del oro, su posible retorno y el temor del Estado hacia él nos llevará a la siguiente sección. La última sección trata sobre algunas innovaciones en el mercado gris como la banca

100% de oro ofrecida por el "banquero" clandestino y la descripción detallada de sus actividades. Aquí se explica el valor de los contraeconomistas que comercian con otros contraeconomistas. Las computadoras modernas hacen que la contabilidad de trueque y la transferencia de recursos clandestinos sean factibles a una escala cada vez mayor.

Capítulo 6: La Contraeconomía de la información

Escrito. Se relata de forma objetiva y detallada aspectos del rápido crecimiento de la industria informática, la naturaleza individualista de la consultoría independiente, los equipos privados de informática y los piratas. El gobierno se ha rendido en lo que respecta a la regulación de esta industria. El debate se divide entonces en dos tipos de actividades informáticas y de información contraeconómicas.

Contraeconomía para la industria de la información

Se cubrirán los negocios turbios, el comercio clandestino, y varias evasivas de los contraeconomistas, desde investigadores y consultores hasta codificadores y programadores, pasando por propietarios y franquiciadores. Se darán ejemplos de medios de comunicación para convencer a los lectores.

La industria de la información para la Contraeconomía

La encriptación de datos y las nuevas técnicas de ejemplos libertarios. Se presenta a Carl Nikolai con su trabajo original en este campo. Se muestran las aplicaciones del procesamiento de datos a prueba del Estado para la evasión de impuestos, la evasión de la inflación, el comercio y otros tipos de comercialización, tanto las que ya funcionan como las que representan posibilidades inmediatas.

Los capítulos perdidos

Capítulos siete al diez: Se rumora que estos capítulos existen en formato digital en algún lugar del ciber universo. Cuando sean localizados, serán añadidos a una versión actualizada de la *Contraeconomía*. El resto de la publicación *Contraeconomía* (Capítulos 11 al 18) no se completó antes de la prematura muerte de SEK3. El autor dejó un resumen de todos los capítulos, que se incluye para demostrar la amplitud, la profundidad y la importancia social de la ciencia de la Contraeconomía.

Capítulo 7: La Contraeconomía del contrabando

Los mayores contrabandistas pueden sorprender a los lectores: casi todos se registran en la aduana. Esto abrirá el capítulo para la identificación de los lectores. Se proporcionarán las estadísticas, de forma inteligente y con rapidez, como siempre.

Contrabando de dinero y de divisas

Esta sección comienza con las referencias a los seis capítulos anteriores trabajados aquí. Estas recordarán a los lectores lo que han aprendido (de manera sutil). El control de divisas se vincula a la evasión de impuestos, el tráfico de drogas y los mercados negros de los rojos (comunistas), e incluso al procesamiento de información.

Contrabando histórico

Este será un recorrido histórico y una breve descripción del concepto clásico y estereotipado del contrabando y se aborda su vestigio moderno, sobre todo para prescindir de él y contrastarlo con...

Cruzar la frontera para obtener beneficios

Se tratará de cómo la mayoría de las empresas internacionales transportan bienes a través de las fronteras (o dicen que lo hacen) para evadir los impuestos, los aranceles, los impuestos al valor agregado, los impuestos sobre las ventas, las cuotas de importación y otros (también lo hacen las pequeñas empresas y los particulares). También se abordarán aquí aspectos como el cruce de fronteras estatales para evitar el impuesto sobre las ventas y otros controles. Esta sección vincula a casi todos los negocios en todas las magnitudes con la Contraeconomía.

¿Qué no es el contrabando?

El comercio en la violación de la regulación podría incluso abarcar tratos entre vecinos, hacer favores para los amigos, incluso la entrega de correo privado. Esta sección enfatiza la universalidad del contrabando. Se menciona el contrabando de Biblias y de material religioso. Se introduce el contrabando de "personas", para ser usado en el capítulo de "Contraeconomía humana", junto con el ferrocarril subterráneo del período de la Guerra Civil. Se vincula con la industria de la información (Capítulo 6) y problemas de transporte (Capítulo 8).

Capítulo 8: La Contraeconomía del transporte

La necesidad de transportar los objetos es básica. Se enumerarán los métodos: a pie, en vehículos privados, en transporte comercial y en medios públicos controlados por el gobierno, se dará un ejemplo del uso contraeconómico de todos ellos.

Banda Ciudadana Contraeconómica

Esta sección hipotética contará cómo la banda ciudadana supera las leyes de tráfico y aumenta las ganancias de los camioneros. Se harán cálculos económicos reales (simples). Se darán estadísticas sobre el tamaño del mercado. ¿Por qué el transporte agrícola está exento de la mayoría de las regulaciones de transporte y cómo se utiliza? Ejemplos sensacionalistas de transporte contraeconómico y cómo fue idealizado por la música de C&W, las películas, la TV y la radio. ¿Este es un modelo para difundir otras formas y tipos de contraeconomía? Se aborda el aumento del uso de la Banda ciudadana británica que es completamente ilegal.

Mover a la gente a la Contraeconomía

Los taxis gitanos de Nueva York triunfan sobre las autoridades reguladoras. También se incluirán los minibuses; los autobuses económicos de la empresa *Grey Rabbit*, los sistemas de vehículos compartidos privados que se convierten en autobuses y taxis clandestinos; las aerolíneas "hippie" (por qué prosperaron y por qué fallaron) e incluso el autostop.

Contraeconomía en los océanos

Los propietarios de pequeñas embarcaciones vencen a los controles en varios ejemplos. También se abarca el uso potencial y real de las embarcaciones con fines contraeconómicos, como las barcazas que transportan marihuana a lo largo de la costa de Florida. El contrabando por supuesto está relacionado. Se añadirá un poco de futurismo con un debate sobre el Tratado sobre los Fondos Marinos y las consecuencias contraeconómicas de la minería de los fondos marinos, las crías marinas e incluso los hábitats oceánicos.

Contraeconomía en el aire

Freddie Laker toma las regulaciones y las recientes desregulaciones de las aerolíneas como ejemplos de respuestas a la "torsión" de las reglas por parte de las aerolíneas. ¡La Contraeconomía! Habrá ejemplos de uso de aviones para el contrabando de drogas, el contrabando de diamantes, la actividad de mensajería, casi todo en aviones privados y en el tráfico aéreo comercial.

La Contraeconomía espacial

La empresa alemana de la industria espacial OTRAG dará inicio a este capítulo. Se abordará la industria espacial privada tanto en la economía formal como en la clandestina, el movimiento en varios grupos espaciales populares *fuera* de la NASA y el monopolio gubernamental del espacio. Se estudiarán tanto casos reales como especulativos.

Capítulo 9: La Contraeconomía de la energía

En primer lugar, se evaluarán las fuentes de energía en cuanto a su uso contraeconómico y de instalación: intervención de las líneas públicas, falsificación de las existencias, mantenimiento y explotación de las fuentes privadas.

Los supervivientes y los ecologistas están saliendo juntos de la red eléctrica regulada por razones de conveniencia. Se incluirán tanto las alternativas de alta como de baja tecnología en el mercado. Se expondrá la farsa de los "incentivos" gubernamentales para las alternativas de energía a pequeña escala y la energía solar que funcionan como la protección real de las empresas eléctricas monopolísticas. Esto nos llevará a una explicación de la historia de la regulación gubernamental y su nexo causal con casi toda la contaminación actual y el desperdicio de energía. Se añadirán algunas especulaciones al final para indicar cómo una poderosa Contraeconomía y un Estado débil manejarían la contaminación y la conservación. Esto se relacionará con el capítulo de la Contraeconomía de la justicia.

Capítulo 10: La Contraeconomía humana

Este capítulo debería eliminar cualquier duda que persista sobre la Contraeconomía como algo insensible y despiadado. Las secciones incluirán los **extranjeros ilegales**, especialmente en la frontera mexicana, pero también los asiáticos, canadienses, australianos y europeos; el trabajo como un bien contraeconómico; los esclavos del **Ferrocarril Subterráneo** transportados en la Contraeconomía, y variantes de esta modalidad todavía en uso. Los **refugiados** incluyen la Contraeconomía para liberar a la gente de una mayor tiranía, pero ¿deberían incluso molestarse en dejar su Contraeconomía existente? ¿Qué *es* un país libre? (un poco más de teoría se coló aquí). Los grupos minoritarios se tratan aquí primero, cómo sobreviven en sociedades hostiles, y las sub-sociedades que forman, generalmente de forma abrumadora en la Contraeconomía. Un indicio de posibles comunidades para los contraeconomistas expertos será introducido aquí, pero será desarrollado cerca del final del libro.

Los capítulos no escritos

Capítulo 11: Los disidentes y la Contraeconomía intelectual

Este capítulo debería atrapar a los académicos y a los críticos más intelectuales. Se ejemplificará la actividad política, religiosa y académica clandestina y la comercialización de esa disidencia en América del Norte, América del Sur, Europa, el Tercer Mundo y, por supuesto, Europa del Este. Periódicos y publicaciones clandestinas. Se desarrolla una sección separada sobre las alternativas de educación, se detallará la diferencia entre las escuelas públicas, las escuelas privadas y las escuelas independientes y luego se detallarán las escuelas completamente clandestinas. Un poco más de teoría se explica prudentemente en esta parte.

Capítulo 12: La Contraeconomía del sexo

"Todo el mundo lo está haciendo" será el tema aquí, con estadísticas sobre la violación de las leyes sexuales; se darán listas de esas leyes en varios estados y países, y también se expondrán varios puntos de vista, casi todo es ilegal y a casi nadie le importa.

Pornografía

Las definiciones varían y estas se mencionarán. Se explicarán con detalles los métodos comerciales para tratar con los códigos locales. Se citará la publicidad clasificada en los periódicos sexuales vendidos en la calle en el sur de California y se exhibirá como modelo para otros tipos de transacciones comerciales y necesidades publicitarias contraeconómicas.

Prostitución

"La profesión más antigua del mundo" es contraeconómica: mujeres, hombres, adolescentes (todos) y las autoridades admiten que es imparable en todas partes.

Anécdotas divertidas sobre políticos que fantasean con la esclavitud y el dominio se contarán para condimentar y exponer algo importante. Se preguntará y se responderá a la cuestión de dónde se traza la línea entre la cohabitación y la prostitución. Se discutirá la moralidad y la ética de los negocios y esto dará paso a los siguientes capítulos: la autoconciencia psicológica y la libertad de expresión lo que nos lleva directamente a los dos capítulos siguientes.

Capítulo 13: La Contraeconomía feminista

Esto comenzará con un examen de las leyes sexuales de los capítulos anteriores, pero con un enfoque sobre la discriminación sexual y la forma en que la actividad contraeconómica evade al Estado.

La Contraeconomía del parto en casa

El Movimiento del parto en casa, en gran parte ilegal en la década 1980, se trata con cierto detalle, así como la partera como contraeconomista. La historia del tráfico y el contrabando de información de control de la natalidad son adecuados aquí.

Igualdad de oportunidades económicas

Esto puede considerarse general para todos los grupos minoritarios, pero las mujeres representan el sector más grande y por lo tanto se centrará en cómo la Contraeconomía no presenta prejuicios con respecto al sexo, al color de piel y al credo. El segmento desarrolla más a fondo el tema de las sub-sociedades integradas en la sociedad en general. El aspecto que se desarrollará es la forma en que las minorías utilizan la Contraeconomía para salir de los guetos, barrios y empleos serviles en América del Norte y en el extranjero. Se abordará el tema de los homosexuales aquí y en el capítulo 12. Se mostrará la inutilidad de la ERA (*Equal Rights Amendment*: Enmienda de Igualdad de Derechos) y de tales leyes y se dará la oportunidad de ofrecer una pequeña explicación teórica.

Capítulo 14: La Contraeconomía de la justicia

Este capítulo, en cierto sentido, se relacionará con casi todos los demás capítulos porque responderá a la pregunta candente que está en la mente de los lectores: ¿cómo pueden mantenerse la justicia y los contratos sin el gobierno, de hecho, con el gobierno como un enemigo activo tanto del contrato como de la justicia?

El fracaso de la justicia del gobierno

La razón por la que el gobierno no puede ofrecer protección o justicia comienza esta sección. Se citarán muchos ejemplos, sobre todo en la América moderna. El "clima de miedo" y el perenne "problema de crimen" de la "ley y el orden" como un fútbol político se desacreditará.

El negocio de protección

Por qué atrapar a los criminales es demasiado tarde para el bien de la mayoría de la gente, aunque la Contraeconomía incluso proporcionará ese servicio. La tecnología de protección y defensa se manejará con gran detalle hasta los últimos dispositivos y su popularidad en el mercado, e incluso los que aún están por introducirse y las posibilidades de la ciencia-ficción.

El derecho natural y su aplicación

Se introduce el concepto de Derecho Natural. Se explicará el orden espontáneo del mercado el cual se ilustra profundamente tanto en las transacciones "directas" como en la Contraeconomía. Se desarrollará el estigma de la "delación" como un concepto más general y su validez. Por último, se dará al lector los procedimientos de aplicación de la ley de la Contraeconomía y de aprehensión penal. Se excluye explícitamente el "fraude de protección", pero la "usura" se tratará como algo más complejo y merecedor de cierta simpatía.

El arbitraje y la Contraeconomía

El arbitraje ya es grande y ocurre abiertamente. Se citarán casos como el de la resolución de disputas de contratos de Johnny Carson en la NBC, así como las estadísticas de la Asociación Americana de Arbitraje. Se definirá el comienzo de una Asociación Libertaria de Arbitraje, y al vincularla con "listas negras" y "listas blancas" se desarrollará un concepto de trabajo de justicia contraeconómica.

Capítulo 15: Psicología contraeconómica

El tema de este capítulo es el refuerzo de la "buena salud" psicológica, es decir, la autosuficiencia y la asunción de responsabilidades, con *acciones* objetivas que resultan ser contraeconómicas.

Autoritarismo

La investigación sobre este tema, especialmente la recopilada por la Dra. Sharon Presley, se presentará mostrando los vínculos entre la obediencia-condicionamiento y el estatismo.

Movimiento del Potencial Humano. Todos los diversos aspectos de la Nueva Psicología se mostrarán compatibles con la actividad contraeconómica, e incluso congruentes. No solo se citará a Presley, Thomas Szasz y Nathaniel Branden, sino también a psicólogos no identificados con el libertarismo.

<u>Cómo funciona</u>

Casos concretos, anónimos, por supuesto, se resumirán aquí para ilustrar la psicología contraeconómica.

<u>El refuerzo mutuo</u>

Más allá de la autosuficiencia y la autoaceptación individual, se desarrollará finalmente (después de aparecer brevemente en todo el libro) el concepto de que los individuos trabajen juntos de manera contraeconómica, desarrollando la confianza y la interdependencia honesta. Más allá de las relaciones y los grupos de afinidad, llegamos lógicamente a la idea de una sub-sociedad activa y/o un movimiento de contraeconomistas lo que nos lleva a la Parte II.

Segunda parte

Capítulo 16: Comprensión de la Contraeconomía

El tema "¿Por qué soy tan inteligente?" inicia este capítulo. "¿Cómo es que el autor entiende todo esto cuando el resto de la sociedad ha 'comprendido' solo en parte, en el mejor de los casos?" provocará al lector para que finalmente se sumerja en la teoría. Respuestas: 1) hay una teoría bien trabajada y probada que ha hecho maravillas en la predicción de la acción humana y en su descripción de manera científica (este capítulo) y 2) hay un fuerte interés otorgado (el más fuerte de toda la historia) en confundir el tema y distorsionar su información para salvar sus privilegios (siguiente capítulo). Se enfatizará en el valor de entender la economía para inmunizar a las personas de las "estafas" para atraer al lector.

<u>Praxeología: El estudio de la acción humana</u>

Presentación bastante simple (no académica) pero aún rigurosa de conceptos básicos de la economía austríaca como el valor subjetivo, la utilidad marginal, la preferencia temporal (tipo de interés original), la regresión (origen del dinero), la pirámide de capital de Eugen Böhm-Bawerk y la teoría del ciclo económico de Ludwig von Mises. Se utilizarán tanto ejemplos cotidianos para la identificación del lector como ejemplos contraeconómicos con el fin de mantener el interés del lector.

<u>¿Por qué funciona la Contraeconomía?</u>

Comenzando con la distinción de la ganancia de la "tasa de rentabilidad", se reintroduce el espíritu empresarial y luego se aplica a todos los aspectos de la vida cotidiana. (Esto enlaza con el capítulo anterior, la autosuficiencia, pero ahora se recalca la aceptación del riesgo). La clave para comprender y practicar la Contraeconomía se explica ahora en detalle: el riesgo comercial por el beneficio. Toda la experiencia del libro está relacionada para respaldar esto.

<u>¿Cómo funciona la Contraeconomía?</u>

Se dará una fórmula, álgebra simple, que puede ser usada para los cálculos de los negocios diarios, usando datos fácilmente disponibles para calcular el riesgo tomado para ver si es aceptable, ¡además el riesgo máximo estimado! Unas cuantas advertencias sobre el hecho de embarcarse en un estilo de vida contraeconómico y los avisos legales de que el autor "aboga por el incumplimiento de la ley" cierran este capítulo.

Capítulo 17: Oponiendo la Contraeconomía

La segunda respuesta a por qué la Contraeconomía aún no se ha convertido en *la* economía se proporciona aquí finalmente. Se explicará en detalle la naturaleza de la oposición.

<u>El origen y la naturaleza del Estado</u>

La historia y la sociología del Estado se resumirán aquí, llevando rápidamente al lector a la actualidad con mayor conciencia.

Las clases dominantes económicas de las instituciones, el rey y sus intelectuales de la corte se explican para mostrar por qué la ciencia de la economía se inclina constantemente al fraude y a las estafas por "necesidad" política. Los mitos populares de la época serán listados con breves descripciones.

<u>Callejones sin salida</u>

El conservadurismo, el liberalismo, el socialismo, el anarquismo, las variedades de libertarismo, el pacifismo, el "abandono" y el retreatismo serán sacados a relucir, definidos, esbozados y refutados como medios para lograr una sociedad libre, de nuevo recurriendo en gran medida a la experiencia del lector del resto del libro para mantenerlo corto y encantador, o rápido y mortal. Una vez eliminadas todas las demás opciones, eso dejará el capítulo final:

Capítulo 18: La Contraeconomía social

Se presenta el prometido capítulo final en el que se detalla la plena integración de la teoría libertaria y la práctica contraeconómica. Esta sección se ampliará finalmente a un volumen completo con un estilo más profundo y académico y se promete un libro a los lectores para un seguimiento (una especie de *Contraeconomía II* para los amantes de las secuelas). El libro terminará con una exhortación disimulada, para cubrir las responsabilidades, a *vivir* las propias teorías y cumplir los sueños propios. *Podríamos* cerrar con una descripción de los diez años del autor en la Contraeconomía para mostrar que practicaba todo lo que predicaba (o dejarlo para una biografía de fondo).

Bibliografía e Índice

Lecturas recomendadas para aumentar el interés en los diversos temas. Un índice es probablemente una buena idea, pero doblaría el tiempo al terminar el libro. En su lugar, se podría incluir la lista de contenidos de subtemas.

NOTA A LOS EDITORES: El hecho de que este tema toca casi todos los campos, y por lo tanto será requerido como referencia en Historia, Sociología, Economía, Feminismo, Estudios Orientales, Estudios Rusos, Psicología y Ciencias Políticas, y es hasta la fecha el *único* trabajo de este tipo disponible, no es accidental sino inherente a la naturaleza del tema. Por lo tanto, tiene la rara cualidad y atractivo de ser a la vez popular y académico... y con un poco de suerte, también lo será la secuela.

—SEK3

Acerca de Samuel Edward Konkin III

Samuel Edward Konkin III fue un teórico del movimiento de vanguardia y un activista experto desde la histórica escisión entre libertarios y conservadores en la convención de la YAF (*Young America's Foundation*) en San Luis, 1969. En las siguientes tres décadas y media, se desempeñó como editor y director de la publicación libertaria más longeva, comenzando con *Laissez-Faire!* (1970), luego con *New Libertarian Notes* (Las Nuevas Notas Libertarias 1971-75), *New Libertarian Weekly* (El Nuevo Semanario Libertario, 1975-77, el semanario libertario más antiguo) y *New Libertarian* (El Nuevo Libertario, 1978-1990). Escribió el trabajo seminal sobre el agorismo, el *New Libertarian Manifesto* (El Manifiesto neolibertario*)* en 1980. Acuñó los siguientes términos y conceptos, muchos de los cuales han aparecido en todas las publicaciones libertarias: Contraeconomía, agorismo, minarquía, partidocracia, antiprincipios, libertarismo de izquierdas, anarcosionismo, "browne-out" (síndrome de pérdida de sentido en el trabajo), mercado rojo, Kochtopus (grupo de organizaciones libertarias financiadas por Charles Koch), y más. Ha influido en las obras de autores como J. Neil Schulman (*Alongside Night, Junto a la noche*) y Victor Koman (*Kings of the High Frontier, Reyes de la alta frontera*), que tuvieron sus primeras ventas de libros de ficción profesional en las páginas de sus publicaciones. El Sr. Konkin se desempeñó como Director Ejecutivo del Instituto Agorista, una organización de divulgación que promulga los principios del agorismo y la contraeconomía. Fue invitado de honor en convenciones de ciencia ficción y reuniones libertarias y fue un experimentado viajero mundial. La *Contraeconomía* pretendía ser su obra maestra, la síntesis de todo su trabajo e investigación durante quince años de activismo de movimiento.

Lamentablemente, de los dieciocho capítulos reseñados, solo se escribieron diez capítulos. De ellos, solo seis estaban disponibles en el momento de la publicación. El Sr. Konkin murió el 23 de febrero de 2004.

Acerca Derrick Broze

Derrick Broze es un autor, periodista, documentalista y activista radicado en Houston, Texas. En 2010, Derrick fundó la alianza activista *The Houston Free Thinkers* (Los Librepensadores de Houston) organizando protestas, festivales de música, huertos comunitarios, intercambios de habilidades y otros eventos comunitarios. En 2011, comenzó a transmitir su programa de radio *Free Thinker Radio* (Radio de librepensadores), que continúa al aire en 90.1 KPFT en Houston. En 2013, fundó *The Conscious Resistance Network* (La red de resistencia consciente), un sitio dedicado al periodismo multimedia que expone la corrupción corporativa y gubernamental y que a la vez destaca las soluciones. Derrick ha estado produciendo videos, y escribiendo ensayos y artículos desde 2011. En 2015, comenzó a escribir libros y desde entonces ha publicado uno cada año. Es coautor de la trilogía de la publicación *The Conscious Resistance* (La resistencia consciente) con John Vibes y es autor del libro *The Holistic Self-Assessment* (La autoevaluación holística). Derrick comenzó a escribir y producir documentales en 2015. Desde 2013, ha tomado la palabra en los Estados Unidos, Europa y América Central. Su objetivo es crear un agorismo consciente de humanos libres que deseen estar libres de la fuerza, la coacción y la violencia.

Ediciones **Discovery** es una editorial multimedia
cuya misión es inspirar y apoyar la transformación
personal, el crecimiento espiritual y el despertar.
Con cada título, nos esforzamos en preservar la
sabiduría esencial del autor, del instructor espiritual,
del pensador, del sanador y del artista visionario.